# LA ALEGRÍA DE VIVIR

## METAFÍSICA APLICADA PARA VIVIR MEJOR

10- Julio - 2006.
Tijuana, Baja California

Sandra:

El contenido de éste maravilloso libro, tiene una riqueza incalculable, deseo lo disfrutes página a página y te dé esa FORTALEZA, que tanto necesitamos para vencer cualquier obstáculo que se nos presente en nuestra vida

Hermosa, espero que NUNCA pierdas: LA ALEGRÍA DE VIVIR.

¡Cuenta siempre conmigo!

Con mucho cariño:

Profra. Socorro Barrón Fregoso. -

# LA ALEGRÍA DE VIVIR

## METAFÍSICA APLICADA PARA VIVIR MEJOR

**Alida y José L. Sosa, R.Sc.P.**

Grupo Editorial Tomo, S. A. de C. V.
Nicolás San Juan 1043
03100 México, D. F.

1a. edición, septiembre 2000.
2a. edición, septiembre 2005.

© *La Alegría de Vivir*
Alida y José L. Sosa, M.RScP.

© 2005, Grupo Editorial Tomo, S.A. de C.V.
Nicolás San Juan 1043, Col. Del Valle
03100 México, D.F.
Tels. 5575-6615, 5575-8701 y 5575-0186
Fax. 5575-6695
http://www.grupotomo.com.mx
ISBN: 970-666-308-8  •
Miembro de la Cámara Nacional
de la Industria Editorial No 2961

Diseño de Portada: Emigdio Guevara
Formación Tipográfica: Rafael Rutiaga
Supervisor de producción: Leonardo Figueroa

Impreso en México - *Printed in Mexico*

# PREFACIO

Nosotros hemos decidido publicar este libro con el objeto de compartir contigo lo que hasta ahora hemos aprendido en el estudio de la Ciencia de la Mente, el cual tú puedes ponerlo en práctica desde este mismo momento.

Nuestra eterna gratitud al fundador de esta maravillosa filosofía que es Ciencia de la Mente; Dr. Ernest Holmes y a todos los maestros de *Science of Mind* y *Religious Science* y muy especialmente a los Rev's. Jack y Ruth Deaton, así como a nuestra querida maestra Dra. Cielo Arrillaga Torrens. También queremos hacer patente nuestra gratitud al Dr. Masaharu Taniguchi fundador del movimiento filosófico de Seicho-No-Ie y al maestro Hashitoshi Hayashi.

Son nuestros sinceros deseos que al igual que nosotros, tú puedas encontrar en este libro las respuestas a tus grandes necesidades espirituales.

Con nuestro amor para ti.

Alida y José L. Sosa

Estamos seguros de que tú encontrarás aquí
lo que tanto has buscado, lo que todo ser humano
busca en la vida. La Verdad. Esa Verdad
que proclamara el Gran Maestro Jesús:
***"CUANDO LLEGUE EL ESPÍRITU DE LA
VERDAD, LA VERDAD OS HARÁ LIBRES"***.

¡Sí! Libres de todo sufrimiento, de toda limitación,
de toda culpa y de toda enfermedad. De ahora
en adelante tú experimentarás una nueva
***"ALEGRÍA DE VIVIR"*** aplicando estos simples,
sencillos, prácticos y efectivos métodos.
Tú puedes obtener resultados inmediatos y traer
a tu vida salud, felicidad, armonía, prosperidad,
éxito y paz mental.

# LA ALEGRÍA DE VIVIR

Es un error pensar que la vida está llena de sufrimientos y que estos sufrimientos son la voluntad de Dios, y que al sufrir aquí nosotros, ganaremos el cielo en el más allá. Pero nuestro espíritu es alegre por naturaleza y se vuelve hacia esa naturaleza como las raíces hacia el agua o las hojas a la luz.

Si no estamos alegres, instintivamente sentimos que algo anda mal. El estar siempre alegres nos mantendrá saludables. Dios no nos pide que paguemos la alegría con tristeza, si así fuese, Dios no sería justo. La alegría no sale de la tristeza ni la tristeza de la alegría. ¿Acaso sale el odio del amor?, o ¿la ignorancia de la alegría?

La alegría surge de un espíritu alegre, como surge el agua del manantial. Todos tenemos las experiencias que son parte de nuestra vida, porque todos somos parte de la vida.

Algunas de nuestras experiencias fueron fáciles, otras difíciles. Las fáciles pudimos enfrentarlas con alegría y las difíciles, con valor. Porque esa es nuestra naturaleza como Hijos de Dios que somos. No tenemos que aceptar las cosas tal como son, sino que podemos cambiarlas hacia algo mejor, para bien nuestro y de los demás. Dios nos otorgó a todos el Don de pensar y crear, de ahí que cada quien tiene lo que desea tener.

Todos podemos hacer que nuestro jardín florezca en vez de verlo desolado, podemos cambiar la muerte por vida, la enfermedad en salud, la pobreza en riqueza, la guerra en paz; así nos reconstruimos a nosotros y al mundo, de acuerdo a los deseos de nuestro corazón. Debemos actuar con ese corazón de amor de Dios cuya infinita compasión abarca todas las cosas.

Es nuestro verdadero ser el que está luchando siempre para hacer que nuestra vida sea de felicidad completa; no tenemos que ser conformistas y dejarnos dominar por el dolor, la pobreza, las limitaciones y la muerte.

Los grandes héroes y heroínas de la raza humana no fueron conformistas, así nosotros no debemos serlo. Debemos iluminar las áreas oscuras con luz, con alegría, debemos hacer que la pobreza desaparezca de nuestras mentes, forzar a la enfermedad a que salga para siempre de nuestras vidas, empujar a la muerte al más allá; hacer que el caos se convierta en orden, haciendo que lo viejo deje paso a lo nuevo y ganar así la victoria para la humanidad, para la vida, esta vida plena que Dios nos dio, y disfrutar plenamente *"LA ALEGRÍA DE VIVIR"*.

Estamos viviendo porque somos hijos de la Vida y esa Vida es Dios. Él nos dotó de un maravilloso cuerpo que nos sirve para movilizarnos, y lo más importante, el poder de nuestro pensamiento para crear. Por lo tanto, no estamos moldeados por las cosas, sino que las cosas están moldeadas por nosotros; no dependemos de lo material, sino lo material depende de nosotros.

La Sustancia que existe en el vasto universo —de la cual están formadas todas las cosas visibles— está siempre disponible para todos nosotros, y siempre lista para dar forma de acuerdo a nuestros pensamientos y deseos. La vida debe ser alegre, quizás no sea fácil, pero luchar para lograrlo nos traerá la recompensa final.

Por ejemplo: Un atleta que corre diez kilómetros, jadeante y casi sin aliento, cuando logra llegar a la meta siente ¡alegría! Un alpinista, hambriento y fatigado, casi congelado, al llegar a la cima ve con ¡alegría! su triunfo.

Un jardinero, que trabaja arduamente en su jardín, luchando contra toda clase de yerbas malas para que no lo dañen, lo abona, lo riega constantemente, lo cuida y su mayor ¡alegría!, es verlo florecer y dar frutos.

El compositor de música, al igual que los demás, también trabaja por semanas, quizás meses o años, y tal vez pase días sin comer, sin compañía y sin dormir, y al concluir su sinfonía, él siente la ¡alegría! Y ésta es su mejor recompensa.

La alegría viene de hacer aquello para lo cual nacimos. Es éste el gran secreto de la alegría; debemos hacer aquello para lo que fuimos creados y esto es gozar *"LA ALEGRÍA DE VIVIR"* en mente, cuerpo y espíritu.

# VIVA SIEMPRE ALEGRE

**P**ara vivir siempre alegre es necesario que conozcamos cómo funciona nuestra mente. Vamos a ilustrar nuestra mente en la forma siguiente:

Mente Consciente

Mente Subconsciente

Mundo Físico

Todo lo que pensamos con la parte Consciente, pasa al nivel Subconsciente, que es la Ley Mental o el poder que crea, y éste ejecuta sin protestar la orden dada y luego aparece en el Mundo Físico —la única parte que podemos ver— la manifestación del deseo hecho realidad. Esto nos indica que siempre estamos creando con nuestro pensamiento ya sea consciente o inconscientemente.

Vamos a poner un ejemplo: Si yo todo el día estoy pensando en enfermedades y quejándome amargamente de ellas, función que hace la parte I; la parte II como sólo está produciendo, —ella no razona, sólo obedece y crea— manifiesta la enfermedad en mi cuerpo, parte III —lo externo. Lo mismo sucede cuando estamos sólo pensando en los problemas, propios y de los demás, así como en pobreza, escasez, celos, envidias y discordias; la parte II sólo está produciendo para nosotros problemas, pobreza y toda clase de limitaciones y enfermedades en nuestra vida —parte III.

Si actualmente estamos manifestando sólo sufrimientos y toda clase de problemas, ¿qué es lo que debemos hacer para liberarnos de ellos? La respuesta es sencilla, simple. Sólo tenemos que pensar lo opuesto, lo positivo de las situaciones. Por ejemplo: Si ahora estás sufriendo alguna enfermedad, tienes que afirmar: *"Yo soy saludable. Gracias, Dios, por esta salud tan maravillosa que tengo ahora"*.

Aunque de momento te parezca ridículo y sientas que te estás mintiendo a ti mismo, recuerda que con tu mente consciente —que es con la que pensamos— tú estás dando órdenes a la Ley Mental y ésta se encargará de manifestar la salud en tu cuerpo. ¿No es éste un aparente "milagro"? No, tú simplemente estás usando correctamente la Ley de la Fe, como lo dijo el Maestro Jesús: *"De acuerdo a tu fe, así te será dado"*. Esta sencilla técnica puedes emplearla igualmente para todas tus necesidades, ya sean de salud o de finanzas, en tu vida social o compañía perfecta, igualmente en tus negocios y relaciones con los demás.

Cuando desconocemos las leyes mentales, nos parece absurdo o un poco tonto creer que con sólo pensar lo opuesto de lo que estamos viviendo, nuestro mundo pueda cambiar, sin embargo ¡esto es así! Cuando cambiamos nuestra forma de pensar, cambia nuestra vida. ¡Así de simple!

# MI CONSCIENTE
## Y SUBCONSCIENTE ESTÁN
### DE ACUERDO

La paz habita en mi casa hoy, porque mi mente y corazón están de acuerdo.

La felicidad está dentro de todo lo que me rodea a mí hoy, porque mis pensamientos y sentimientos están de acuerdo.

Mis deseos y mi imaginación trabajan juntos en perfecta armonía, de común acuerdo.

Mis impresiones conscientes y subconscientes están en perfecto balance, como un *"equipo"* en el proceso creativo.

Yo tengo el poder, la fe y convicción de que todo es armonía en mí. Yo sé que no puedo ir en dos direcciones al mismo tiempo.

Yo trabajo de acuerdo conmigo mismo, en esta unidad de fortaleza que hay dentro de mí.

Yo selecciono lo que quiero crear. Mi mente consciente escoge y mi mente subconsciente crea.

Mi mente consciente planea y mi mente subconsciente produce.

Mi mente consciente inicia y mi mente subconsciente termina el trabajo.

Mi mente consciente da órdenes y mi subconsciente las obedece fielmente.

Mi mente consciente es la inteligencia y mi subconsciente es el poder.

Trabajando juntos, producen grandes cosas buenas para mí y para los demás.

Mi mente consciente y mi mente subconsciente son un equipo perfecto y forman una eterna unión.

Mi mente consciente escoge las semillas *"pensamientos"*, y mi mente subconsciente las hace realidad en mi vida.

Mi mente consciente es como el jardinero que planta las semillas *"pensamientos"*, y mi mente subconsciente es como la tierra que las recibe y hace que éstas germinen, crezcan, florezcan y den frutos.

AFIRMACIÓN:

**"MI CONSCIENTE Y SUBCONSCIENTE
SE UNEN Y TRABAJAN DE COMÚN
ACUERDO PARA MI BIEN".**

# RECONOZCAMOS EL ORIGEN DE NUESTRA NATURALEZA

**S**olamente reconociendo la verdadera naturaleza del hombre, que en su origen es inmaculado y sin pecado, podremos perdonar a aquellos que aparentan ser pecadores o que nos han ofendido o herido.

Siempre que consideremos a nuestros semejantes como malos o pecadores, no importa cuánto nos esforcemos para perdonarlos, no pasará de ser más que una tolerancia.

Al reconocer a nuestro prójimo, a pesar de todas las apariencias o falsos juicios de que él es un ser malvado, si vemos sólo su Divinidad interna, sabremos que él jamás ha cometido un pecado y es cuando podremos perdonarlo de verdad. El llamado *"pecado"*, no es más que un error, y todos de una u otra forma hemos cometido errores. Recordemos lo que dijo nuestro Señor Jesucristo: ***"Aquel que esté libre de pecado, que tire la primera piedra"***.

Este es un hecho que no podemos negar. Toda persona que haya cometido alguna falta o acaso una vileza, sabemos que no estaba consciente de su verdadera naturaleza, y es entonces cuando verdaderamente podremos comprenderlo y perdonarlo.

A pesar de que haya hecho daño a otro, sólo sabiendo que en el fondo de él está Dios; es cuando se le puede perdonar, porque está actuando en la forma humana e inconsciente de su verdadero ser que es espiritual, puro y sin mancha.

Debemos ver solamente la naturaleza u origen que hay en cada uno de nosotros y estar convencidos de que a pesar de la actitud que podamos exteriorizar, en el centro de nuestro ser sólo existe la Realidad, la perfección e innata *"Imagen y semejanza de Dios"*. Todo lo demás es apariencia.

Por esta misma razón Jesús nos dice: ***"No juzguéis por la apariencia sino con justo juicio, porque con la vara que midiéreis seréis medido"***. Es fácil envolvernos en la apariencia y juzgar aun sin siquiera ponernos a pensar y razonar acerca del juzgamiento mismo. Cuántas veces oímos decir: "Juan es un inconsciente, siempre está causando daño a otros", y tú afirmas: "Sí, es verdad, todo mundo dice lo mismo".

Ten mucho cuidado y manténte ¡alerta! con la gente que te rodea, déjalos que ellos critiquen o juzguen, tú no te dejes envolver por sus actitudes negativas. Si no tienes algo bueno que decir acerca de esto, es mejor que no opines, tú puedes decir: "Bueno, como a mí no me consta nada de esto o aquello, no puedo afirmarlo, además no soy nadie para juzgarlo. Que Dios lo bendiga o bendiga esa situación".

Ésta es la mejor forma de salirnos de una situación que no nos incumbe ni beneficia, por el contrario, nos perjudica grandemente porque lo que sale de nosotros regresa a nosotros, como el bumerang.

---

AFIRMACIÓN:

**"YO SÓLO VEO Y RECONOZCO A DIOS DENTRO DE MÍ Y EN CADA UNO DE MIS SEMEJANTES".**

# NOSOTROS CONSTRUIMOS NUESTRO DESTINO

Cuando llegamos a tener consciencia plena de que el hombre es un "Hijo de Dios" y que de Él recibimos el maravilloso regalo de nuestro libre albedrío, entonces nos daremos cuenta que nosotros somos los creadores y constructores de nuestra propia dicha o infelicidad.

Debemos ser muy cuidadosos del buen uso de esta libertad que nuestro Creador nos dio a todos por igual. Con él tenemos el poder de aceptar o rechazar lo que mejor nos parezca o convenga, por lo tanto, tengamos también mucho cuidado de escoger siempre lo bueno, lo mejor. Para construir un buen destino, debemos ser cuidadosos con lo que pensamos, hablamos y hagamos, ya que nuestro pensamiento al igual que las palabras, *"crean"*, y en esta forma vamos creando el ambiente que nos rodea o como decimos, nuestro propio destino.

Por ejemplo, no puede haber felicidad, armonía ni progreso en nuestro hogar o centro de trabajo donde continuamente se escuchan sólo quejas, maldiciones e inconformidad. Por el contrario, si diariamente meditamos y agradecemos a Dios por todo lo que ya tenemos, si agradecemos y bendecimos a todas las personas, cosas y situaciones en vez de protestar, renegar o quejarnos, estaremos construyendo un destino feliz, lleno de armonía, salud y prosperidad.

AFIRMACIÓN:

**"YO ME ARMONIZO AHORA Y BENDIGO
A TODAS LAS PERSONAS, COSAS
Y SITUACIONES EN MI VIDA".**

# LA REALIDAD
## Y LA
## APARIENCIA

**D**ios es un Ser perfecto. Por consiguiente todo lo que Él creó y sigue creando también es perfecto. En verdad, nada que sea opuesto a la perfección puede ser Realidad. Cosas o situaciones así como las enfermedades, pobreza, desarmonía, carencia, etc., no deben ni pueden existir en el verdadero sentido de la palabra, aunque aparezcan como reales, no lo son. Son sólo efectos, falsas apariencias que se han producido por nuestra mente *"engañada"* al haberlas aceptado en nuestra ignorancia de saber la verdad.

Nuestra mente es como un espejo que está *"empañado"* y éste refleja a nuestros ojos físicos imágenes distorsionadas, las cuales aceptamos como verdaderas aunque no lo sean. Pero lo bueno de todo esto es que podemos eliminar, o sea *"limpiar"* de nuestra mente todas esas apariencias muy fácilmente, ¿cómo? Simplemente eliminando de nuestra mente todas esas cosas negativas y pensando lo opuesto a ellas. Es como cuando nos vemos en el espejo, y si la imagen que reflejamos en él no nos gusta, ¿qué es lo que necesitamos hacer?, ¿cambiar de espejo? ¡No, por supuesto que no!, lo que debemos hacer es cambiar nosotros para reflejar la imagen perfecta y deseada.

Asimismo al darle un giro a nuestra forma de pensar, viendo y afirmando sólo cosas positivas, todo cambiará. Aun si estuviesen muy arraigados esos pensamientos en nuestro subconsciente, una vez empezado este proceso, irán desapareciendo gradualmente y empezaremos a ver sólo la Realidad, la perfección que Dios ha creado, en nosotros y en todo.

AFIRMACIÓN:

**"YO, COMO HIJO DE DIOS QUE SOY, SÓLO VEO LA PERFECCIÓN EN TODO".**

# NUESTRA FUENTE INFINITA ES DIOS

**D**ios es Amor, Él es nuestra fuente infinita de todo bien. Él nos dotó de todo al nacer, nos dio la vida, inteligencia, sabiduría, poder; asimismo somos creativos y esto nos capacita para crear nuestra felicidad, armonía, alegría, prosperidad, riqueza, éxito y paz mental.

Todos estos atributos y cualidades ya nos han sido dados, y si en la actualidad tú estás careciendo de algo, es porque aún no has reconocido ser "Hijo de Dios", por consiguiente, no has reclamado tu herencia divina.

Todo padre terrenal desea ser reconocido por sus hijos, así Dios sólo está esperando que lo reconozcamos como nuestro Padre-Espiritual y proveedor. Si lo reconoces como tal, automáticamente estás reconociendo su herencia divina y ésta sólo espera este reconocimiento para manifestarse en tu vida de acuerdo a tu creencia, fe y convicción; de ahí la declaración del Maestro Jesús: *"Te será dado en la medida en que tú creas"*.

Muchas personas dicen: "Yo no soy digno de tener eso o aquello", "yo no merezco tanto", o "yo siempre he sido pobre"; ellas al afirmarlo están originando que todo eso suceda. Se están bloqueando y limitando, e impidiendo que su bien llegue. En su ignorancia algunas culpan a Dios de que les está negando lo que quieren, sin darse cuenta que son ellas mismas las que originan su falta al no aceptarlo, y al hacer esto, obstruyen el fluir de todo lo bueno que por derecho divino les corresponde vivir y disfrutar.

Por consiguiente, es normal vivir en la opulencia y es anormal vivir en la pobreza. Es normal ser saludable y es anormal estar enfermo. Es normal vivir feliz y es anormal ser desdichado. Acepta estas verdades eternas y goza de *"LA ALEGRÍA DE VIVIR"*.

AFIRMACIÓN:

**"GRACIAS, DIOS, POR SER LA FUENTE
INFINITA DE TODO MI BIEN.
YO LO CREO, YO LO ACEPTO
CON GRATITUD, SABIENDO QUE ASÍ ES".**

# CÓMO TRIUNFAR EN LOS NEGOCIOS

**S**i eres un empresario o propietario de algún negocio, o bien presidente de una compañía y si aún no has logrado tener el éxito anhelado, o deseas incrementar más el que actualmente tienes, te sugerimos hacer lo siguiente:

Al levantarte por la mañana, agradece primeramente a Dios, nuestro Padre-Espiritual, la Sabiduría Infinita; por haberte permitido amanecer con vida en este nuevo día. Agradécele a cada uno de tus socios, empleados, a tus clientes, proveedores, a tu misma empresa, compañía o negocio. Si lo llevas a cabo diariamente con fe y convicción, en un corto tiempo notarás cómo tus ingresos aumentarán rápidamente.

Deja que la Inteligencia Infinita de Dios que hay en ti, tome las decisiones a través de ti para que todo pueda funcionar perfectamente, y recuerda que todos tus colaboradores son importantes y necesarios para el buen funcionamiento de tu empresa, negocio o compañía. Al llegar a tu oficina o despacho por las mañanas, di en voz alta tres veces con mucha calma, fe y convicción, la siguiente afirmación:

*"Todos los que trabajamos en esta empresa, somos honestos, cooperadores, fieles y llenos de buena voluntad hacia los demás. La paz y armonía reinan siempre en todo momento en nuestro corazón.*

*"Hoy es un día bendecido por Dios y está lleno de prosperidad, éxito y felicidad para todos los que laboramos en esta empresa. Todos damos un buen servicio porque lo hacemos con amor y buena voluntad, por consiguiente todos nuestros clientes están felices de hacer negocio con nosotros y nosotros con ellos. Todos somos beneficiados. Gracias Dios porque yo sé que así es".*

AFIRMACIÓN:

**"ESTE NEGOCIO LE INTERESA A DIOS.
ÉL ES EL SOCIO PRINCIPAL
EN ESTE NEGOCIO.
DIOS PROVEE DE IDEAS PARA
QUE TENGA EL ÉXITO DESEADO.
ESTANDO EN SUS MANOS
ESTE NEGOCIO, TODO ESTÁ BIEN".**

# POR QUÉ
# DEBEMOS PENSAR
# POSITIVAMENTE

Debemos pensar siempre positivamente porque todo lo que pensamos o visualizamos en nuestra mente, se realizará o manifestará a su debido tiempo en el mundo físico —mundo material.

Por medio del pensamiento y la palabra, podemos cambiar nuestro mundo. Por esta razón, debemos tener una mentalidad saludable, tenemos que seleccionar cuidadosamente nuestros pensamientos y hablar sólo palabras que nos beneficien como: salud, bondad, armonía y paz.

No debemos expresarnos con palabras hostiles o pesimistas con relación a nuestro futuro. Nos es de gran beneficio cuando dedicamos por lo menos diez minutos en la mañana para meditar con nuestros ojos cerrados, tranquilos y muy relajados y decimos las siguientes afirmaciones:

*"Yo soy un Hijo de Dios, perfecto y lleno de armonía. Por lo tanto, mi futuro es brillante y con éxito seguro. De hoy en adelante, sólo cosas buenas vienen a mi vida. Dios piensa a través de mi mente, consecuentemente, yo sólo*

*tengo pensamientos que me benefician y benefician a los demás. Yo mantengo mi mente abierta y receptiva a las Ideas Divinas, ellas vienen complementadas de todo para su realización sin esfuerzo alguno".*

AFIRMACIÓN:

**"DE HOY EN ADELANTE, SÓLO EL BIEN SALE DE MÍ Y SÓLO EL BIEN REGRESA A MÍ".**

# UNA VERDAD ETERNA: "LA FE MUEVE MONTAÑAS"

La fe puede mover hasta montañas —esto quiere decir que podemos remover de nuestra mente los obstáculos "montañas" que son los que nos impiden progresar. La confianza en sí mismo es considerada como un asunto personal. El poder de esta fe en sí mismo no podrá nunca desmoronarse cuando se llega a la realización de ella. Nuestra fe, creencia y aceptación es algo supremo y es una Ley Divina.

Entonces esta fe llega a ser èse poder que puede mover hasta montañas. Jesucristo, en sus maravillosas enseñanzas nos dice esta Verdad eterna: *"En verdad os digo, si tenéis fe como un grano de la semilla de mostaza, diréis a esa montaña; muévete hacia allá y se moverá, y nada os será imposible"* (Mateo 17:20).

Cuando actuamos basados en esta fe absoluta, inquebrantable, podemos obtener el verdadero éxito. El hombre va por el sendero a través de toda su existencia con el pensamiento del éxito o el fracaso en su mente, por lo tanto, mientras él crea que obtendrá el éxito con su propio esfuerzo —fuerza externa—, su punto de vista será erróneo y encontrará innumerables obstáculos para lograrlo.

Cuando nosotros comprendemos que los incidentes exteriores son el reflejo de nuestro interior, entonces dándole un giro a nuestros pensamientos nos tornaremos maestros de nosotros mismos y lograremos el éxito sin esfuerzo alguno. Descubrimos que el poder ilimitado está dentro de nosotros porque nuestro Creador nos ha dado este poder para crear. Cuando así lo reconocemos y lo aceptamos, entonces lo usamos y jamás conoceremos el fracaso, siempre tendremos éxito en todo.

AFIRMACIÓN:
**"YO CONFÍO EN DIOS, MI CREADOR.
ÉL ES MI PROVEEDOR Y POR
ESTA RAZÓN YO ACTÚO CON LA MISMA
CONVICCIÓN Y FE QUE UN NIÑO
TIENE EN SU PADRE.
EL ÉXITO ESTÁ ASEGURADO
EN MI VIDA Y MI MENTE ESTÁ
EN COMPLETA PAZ".**

# LA VERDADERA FELICIDAD ESTÁ EN LA MENTE

**H**ay muchas personas que piensan: "Si pudiera hacer esto, o aquello, sería realmente feliz" y después de haber logrado todo lo que deseaban se dan cuenta que aún no son felices. Los que sufren de enfermedades, piensan que si se pudieran curar se sentirían felices, y después de haberse curado empiezan a sufrir y a preocuparse por otras cosas y, por lo tanto, continúan sin lograr la felicidad.

Hay otros casos en que el hombre o la mujer piensan: "Si pudiera casarme con aquella persona, sería feliz" y una vez casados la pareja está peleando continuamente y verdaderamente no se sienten felices. Hay quienes piensan que al lograr determinada prosperidad, serán felices y una vez logrado aquel deseo, se presentan varios compromisos sociales y complicaciones y todo se viene abajo y, consecuentemente, no pueden encontrar la anhelada felicidad.

Si analizamos esto, nos daremos cuenta entonces que la felicidad proviene de nuestra actitud mental, o sea de dentro de nosotros, y se expresa fuera de nosotros. Las condiciones externas pueden cambiar, pero si nosotros no cambiamos en nuestras actitudes, o sea nuestro interior, la felicidad completa nunca la podremos alcanzar.

AFIRMACIÓN:

**"HOY, YO ACEPTO LA FELICIDAD EN MI MENTE, Y ÉSTA SE REFLEJA EN MI VIDA, EN MI MUNDO Y TODO ESTÁ BIEN AHORA. GRACIAS, DIOS, POR LA FELICIDAD".**

# CÓMO ANULAR
# LAS TENSIONES
# DE LA MENTE

**P**ara anular las tensiones de la mente, siéntate cómodamente en un sillón y en un lugar tranquilo. Relájate completamente, olvídate por un momento de todo lo que te preocupa. Cierra tus ojos y medita en estas palabras que empezarás a repetir ahora en forma pausada: *"LA PAZ DE DIOS ME ENVUELVE Y YO ESTOY TRANQUILO(A); SERENO(A). EL AMOR DIVINO ME RODEA Y ME LIBERA DE TODA TENSIÓN O PREOCUPACIÓN Y YO ESTOY EN COMPLETO BALANCE Y EQUILIBRIO, EN COMPLETA PAZ"*. Repite esta frase una y otra vez hasta que la tensión se empiece a disipar, entonces te sentirás maravillosamente bien.

La tensión es una distorsión mental originada por la incertidumbre, el miedo y las preocupaciones anormales que les hemos dado cabida en nuestra mente, creando con ello esa tensión. Nosotros debemos aceptar sólo lo bueno, no permitir que nos engañen o sugestionen con propaganda falsa, nociva.

Por lo tanto, si mantenemos un estado mental de paz, el sueño se torna profundo y tranquilo. El metabolismo de las células del cuerpo y de los elementos que componen esas células, se realizará perfectamente y así es como mantenemos a nuestro cuerpo libre de tensiones.

---

AFIRMACIÓN:

**"YO SÓLO PERMITO QUE LA PAZ DE DIOS PENETRE EN MI MENTE Y PERMANEZCO TRANQUILO, SERENO, LIBRE DE TENSIÓN, EN COMPLETA PAZ".**

# NO DEBEMOS CRITICAR A LOS DEMÁS

**M**urmuraciones, antipatías, fallas, calumnias, juicios falsos, no sólo hieren a las personas a quienes se les hace, sino que nosotros mismos mutuamente nos estaremos hiriendo al hacerlo porque somos una unidad —en nuestra verdadera esencia que es espiritual.

Existe la tendencia de ver sólo los defectos de los demás, y son esos mismos defectos los que muchas veces nosotros mismos tenemos, y en ocasiones hasta mucho más arraigados.

Debemos reflexionar y ver la razón de nuestra crítica que muchas veces pudiera contener palabras denigrantes, y esto se debe a que en ese momento no tenemos sentimientos de amor alguno dentro de nosotros para las personas.

Dejemos de hacer eso, pues nada bueno nos espera. Recuerda esto que es de suma importancia: *"Como juzguéis, seréis juzgado y con la vara que midiereis seréis medido"*. Si no queremos ser juzgados, no juzguemos a los demás. Cambiemos nuestra actitud mental y veamos a los demás con amor y no busquemos en ellos las fallas, sino veamos las cualidades y virtudes que todos tenemos para que esto se manifieste.

Nos es muy difícil ignorar las faltas cuando nos damos cuenta de ellas. Pero debemos reconocer que Dios está dentro de cada uno de nosotros, no importa si lo que estemos manifestando no es muy bueno, no juzguemos por la "apariencia", traspasemos esa apariencia y veamos sólo la perfección para que ésta se manifieste.

Nosotros siempre seremos los más beneficiados al ver en nosotros mismos y en los demás sólo lo bueno y lo bello, porque somos como imanes, atraemos aquello que irradiamos, dicho en otras palabras: *"Lo semejante atrae lo semejante".*

AFIRMACIÓN:

**"YO AHORA SÓLO VEO Y ACEPTO
LO BUENO Y LO BELLO QUE HAY EN MÍ
Y EN TODAS LAS PERSONAS, COSAS
Y SITUACIONES EN MI VIDA.
TODO ESTÁ EN ORDEN DIVINO".**

# NO PONGA RESISTENCIA A LOS PROBLEMAS

Cuando tratamos de "pelear" contra los problemas o cuando no queremos pensar en ellos, estas dos actitudes no son la forma correcta de resolverlos. Cuando afrontamos un problema, lo primero que debemos hacer es buscar la Guía Divina para poder resolverlos sin dificultad y con acierto.

En los momentos que estamos en medio del problema, nos es difícil pensar con claridad acerca de la solución del mismo. Esa misma confusión mental es la que nos puede llevar a no resolverlo satisfactoriamente o tomar decisiones incorrectas.

No obstante, si pedimos la Guía Divina y dejamos todos los problemas en las manos de Dios, y damos gracias porque ya tenemos la solución, por más difícil que nos parezcan, sin duda alguna se nos resolverán rápidamente.

Recuerda que no hay nada imposible para la Sabiduría Infinita —Dios. Nosotros podemos equivocarnos, pero Dios nunca se equivoca y Él siempre escucha y responde a nuestras oraciones, dándonos las respuestas correctas para cada necesidad.

AFIRMACIÓN:

**"YO AHORA DEJO IR TODOS MIS
PROBLEMAS Y DOY GRACIAS
A LA SABIDURÍA INFINITA
POR DARME LA GUÍA CORRECTA
Y LA SOLUCIÓN PERFECTA PARA
CADA SITUACIÓN".**

# PARA QUE
# LOS HIJOS ESTÉN
# SALUDABLES

**P**ara que nuestros hijos estén siempre saludables, necesitamos dejar ir de nuestra mente todos esos "viejos" sentimientos de temor o miedo acerca de las enfermedades. Cuando estamos pensando sólo en eso frecuentemente, las estaremos atrayendo inconscientemente con nuestra mente y eso sucederá.

Las enfermedades se manifiestan en nuestra familia o en nosotros mismos exactamente como lo estábamos temiendo. Por ejemplo, cuando nos preocupamos de que nuestros hijos no se vayan a resfriar porque se mojan, con este pensamiento propiamente estamos atrayendo el resfriado para ellos.

De la misma forma ocurre cuando nos preocupamos constantemente por su alimentación. Si pensamos que pueden contraer algún malestar digestivo si no se les proporcionan alimentos de primera calidad, con seguridad se van a enfermar, pues con nuestro pensamiento estamos creando esa situación.

La mejor manera para proteger a nuestros hijos de malestares o enfermedades, ya sean de carácter digestivo o cualesquier otro, es dejando de pensar en ellas, así no les damos cabida y sí contribuimos para su bienestar, además debemos orar de la siguiente manera: *"Mis hijos son Hijos de Dios, por lo tanto, ellos permanecen siempre saludables, porque Dios está a cargo de su salud y bienestar ahora y siempre".*

AFIRMACIÓN:

**"YO NO LE TEMO A LAS ENFERMEDADES, DIOS SIEMPRE ESTÁ A CARGO DE MI SALUD Y LA DE TODA MI FAMILIA. GRACIAS, DIOS, POR PROTEGERNOS DE TODO DAÑO, AHORA Y SIEMPRE".**

# CÓMO AYUDAR
# A NUESTROS
# ESTUDIANTES

Frecuentemente, algunos de nuestros estudiantes se encuentran confusos e indecisos, especialmente cuando terminan sus estudios de secundaria y preparatoria. No saben qué carrera seguir.

Aquí es el momento en que estos jóvenes deben reflexionar muy seriamente y analizar qué es lo que desean realizar en su vida, y luego pedir la guía Divina. Dios nuestro Padre-Espiritual que es Todo-Poder, Toda-Sabiduría, los guiará y orientará para escoger la carrera perfecta a seguir.

Ellos, al mismo tiempo que disfrutan con su vocación, ayudarán a otros en sus necesidades, compartiendo también sus experiencias y ayudando a la humanidad.

Guiados siempre por Dios, encontrarán siempre que todas las puertas se les abren para obtener el éxito en sus vidas. Inculca a tus hijos el Amor de Dios y éste será el mejor legado que puedas darles, además Él te premiará también. Ama a tus hijos para que te amen también, respeta a tus hijos para que te respeten también. Demos comprensión y cariño a nuestros jóvenes.

---

AFIRMACIÓN:

**"DIOS ES MI CONSEJERO Y GUÍA.
SU SABIDURÍA ME GUÍA
Y ME CONDUCE A ESCOGER SIEMPRE
LA MEJOR OPCIÓN PARA MÍ.
GRACIAS, DIOS, POR CONDUCIRME
SIN DIFICULTAD AL ÉXITO SEGURO".**

# DÉLES
# SU LIBERTAD
# A SUS HIJOS

Hay padres de familia que hostigan a sus hijos diciéndoles: "Tienes que apurarte en tus estudios. Estudiarás para ser un doctor como lo fue tu abuelo"; "deberías ser como tu hermano, él nunca discute"; "no hagas amistad con el vecino, no es de tu clase"; "no salgas con ese joven, no te conviene, es un pobre diablo"; "eres rebelde, mejor deberías irte de la casa"; etc.

Con todas estas actitudes, los jóvenes van creciendo y sintiéndose heridos en sus sentimientos más profundos, creándoles en esta forma un trauma psicológico y esto da origen a que muchas de las veces ellos sientan hasta odio hacia sus padres por querer imponerles algo que a ellos no les agrade hacer o no sienten vocación por algún estudio en especial; con esta actitud se vuelven hacia los padres y en ocasiones hasta les faltan al respeto, y el resultado final es que se vuelven unos hijos rebeldes, hostiles y agresivos.

Nadie debe obligar a nadie a hacer lo que cree que es bueno para otro, al hacerlo le estamos coartando su libertad de hacer lo que él considera que es mejor. En otras palabras, estamos interfiriendo en su derecho divino de usar su libre albedrío, que Dios nos dio a todos por igual. Es este derecho que se nos ha dado para aceptar o rechazar aquello que consideramos que no sea bueno para nosotros y nuestra felicidad.

De lo que es nuestra esencia, todos somos iguales, poseemos lo mismo, cualidades y virtudes. Nuestro Creador nos hizo a Su imagen y semejanza, dotándonos de una mente individualizada para pensar.

Por lo tanto, todos pensamos diferente, además físicamente somos distintos, somos únicos. En ocasiones quizás existan ciertas similitudes en cuanto a rasgos físicos, pero nunca habrá dos personas iguales.

Por esta razón, nosotros tenemos un criterio propio. Debemos de aceptar el diálogo en forma abierta, serena, respetuosa, sin acaloramientos y sin usar malas palabras. Procuremos nunca llevar las cosas a los extremos, y sobre todo, no tratemos de imponer nuestra voluntad a los demás.

Por ejemplo, debemos dar nuestro punto de vista personal a nuestros hijos, ayudándoles a tomar decisiones; pero la última palabra deben de tomarla ellos, porque el resultado de la decisión que tomen será en su propia experiencia y no en la nuestra. Aún a riesgo de equivocarse, ellos deben tomar sus propias decisiones porque esto les ayudará a crecer y en el futuro deberán pensar mejor las cosas antes de tomar cualquier alternativa.

Demos a nuestros jóvenes su libertad, dejemos que ellos mismos se desenvuelvan. Ayudémosles a crecer, o crezcamos juntos, orientándolos y escuchándolos, hablándoles siempre con la verdad.

Alentémosles a superarse cada día para que su triunfo les sea más fácil en sus vidas. Enseñémosles a sentir amor, respeto y agradecimiento hacia Dios, hacia sí mismos, hacia sus padres, sus maestros y todos sus semejantes.

Hagámosles sentir que los queremos, que los amamos, tratémoslos como a nuestro mejor amigo.

AFIRMACIÓN:

**"YO AYUDO A MIS HIJOS A ESCOGER
SU MEJOR BIEN, PERO SIEMPRE
RESPETO EL LIBRE ALBEDRÍO
QUE DIOS LES DIO PARA DECIDIR
CON SABIDURÍA LO MEJOR".**

# EL AMOR
# DIVINO LO CURA
# TODO

El Amor Divino puede curar cualquier enfermedad, como se ha dicho: *"Afirmad el Amor Divino y dejad que llene vuestro corazón"*. Cualquier fricción que exista en la mente, se eliminará definitivamente. Vuestra vida que hasta ahora ha sido obstruida por la fricción y desarmonía, funcionará en Orden Divino.

En esta forma, todas las discordias se irán de tu vida y podrás continuar suavemente por el sendero de la labor curativa. Asimismo, la naturaleza puede entonces funcionar a la perfección y cualquier enfermedad puede curarse. Si en este momento tu enfermedad no ha sido curada, debes meditar en la razón del porqué tu corazón aún no se siente desbordante de felicidad con el Amor Divino.

Si es así, entonces debes practicar más el perdón y la gratitud hacia ti y los demás con el mayor sentimiento y sinceridad, desde el fondo de tu corazón. Afirma constante y continuamente: *"El Amor Divino llena mi corazón y Él sana todo resentimiento, coraje y malos entendidos que hubiere en mi vida. Gracias Dios por Tu bondad"*. Nada puede contra el Amor Divino porque Él es Dios.

AFIRMACIÓN:

**"EL AMOR DIVINO CURA MI VIDA DE TODO SENTIMIENTO QUE FUERE CONTRARIO A MI BIEN. GRACIAS, DIOS, POR DARME EL DON DEL PERDÓN".**

# EVITA LA SENILITUD, CONSÉRVATE JOVEN Y FUERTE

**E**l ser humano llega a la senilitud cuando sólo reconoce que está hecho de materia *"carne"*. Este concepto es aceptado universalmente por la mayoría de la humanidad.

Este pensamiento colectivo es conocido como: "Conciencia de Raza" y también como: "Karma Colectivo". Esto pasa cuando el hombre se considera un ser material y por esta razón él es afectado por esta creencia o "conciencia racial", por lo tanto es más difícil sobreponerse del concepto de que el hombre se vuelve "achacoso" e "inútil" cuando llega a la edad avanzada o vejez.

Tú puedes sobreponerte a estos conceptos reconociendo que el hombre no sólo está hecho de materia, sino también de Espíritu, y que su verdadera naturaleza es espiritual, antes que físico-material. El Espíritu no está sujeto al tiempo, Él es eterno.

Medita diariamente en esta Verdad: *"Mi verdadera naturaleza es espiritual, por lo tanto mi espíritu no envejece, no puede sufrir daño alguno y está libre de toda enfermedad. Consecuentemente, yo soy joven, fuerte y saludable"*.

Está científicamente comprobado que todas nuestras células se renuevan completamente cada once meses, lo que quiere decir que cada once meses tenemos un cuerpo nuevo. Lo que origina la vejez en nuestro cuerpo es nuestra creencia en ella.

Para lograr conservarse siempre joven, fuerte y saludable, mantén siempre en tu mente pensamientos de: Vida —*"Yo soy la Vida eterna que no está sujeta al tiempo"*—, Amor —*"El Amor Divino me envuelve, protege y guía"*—, Paz y Armonía —*"La Paz y Armonía de Dios reinan por siempre conmigo"*. Esto hará que diariamente tus nuevas células nazcan saludables y llenas de esos maravillosos conceptos que te mantendrán por siempre joven, fuerte y saludable.

AFIRMACIÓN:

**"LOS PENSAMIENTOS DE DIOS
SON MIS PENSAMIENTOS,
CONSECUENTEMENTE, ELLOS FLUYEN
A TRAVÉS DE MI MENTE
MANTENIÉNDOME SIEMPRE JOVEN,
FUERTE Y SALUDABLE. ASÍ ES".**

# EL AMOR DEBE
# ESTAR ACOMPAÑADO
# POR LA ACCIÓN
# DE DAR

**S**i en nuestra vida diaria vemos que no desaparecen las limitaciones y la desarmonía, es porque nos falta dar más amor.

Cuando agradecemos solamente, sin amor; esa gratitud se tornará vacía. Vacía en el sentido de que damos las gracias solamente de palabra, pero en el fondo no sentimos esa gratitud.

Algunas personas consideran la gratitud como una transacción comercial, como pagar por el "favor" que reciben. Pero esa no es la verdadera gratitud, ya que es preciso que exista amor dentro de la gratitud.

Amor es desear siempre la felicidad y la elevación espiritual de nuestro prójimo. Amor es colocarnos en el lugar del otro. Amor es contribuir para que nuestros semejantes puedan evolucionar física, mental y espiritualmente.

El amor que no se transforma en acción es un amor vacío. En otras palabras, debemos dar, pero dar con

amor, sin interés alguno, dar con plena libertad y con el
más sincero deseo de ayudar a los demás. El dar amor
incondicionalmente es el "secreto", ya que éste regresa a
nosotros multiplicado en dádivas divinas.

AFIRMACIÓN:

**"YO AHORA TODO LO HAGO
CON AMOR Y GRATITUD.
YO DOY INCONDICIONALMENTE
Y SOY RICAMENTE RECOMPENSADO".**

# ¿DÓNDE SE ENCUENTRA EL REINO DE DIOS?

¿En dónde se encuentra el Reino de Dios? Esta pregunta se refiere a: en dónde encontrar el mundo que ya es perfecto. El maestro Jesús dijo muy claramente: *"El Reino de Dios se encuentra dentro de vosotros"*. Este Reino de Dios o Reino del Cielo no está en lo alto o por encima de las nubes, tampoco está en algún lugar externo. El Reino a que se refirió Jesús se encuentra dentro de nosotros mismos. No obstante, si no lo reconocemos, entonces este Reino que ya existe no puede manifestarse ante nuestros ojos físicos, por consiguiente, no podremos experimentarlo en nuestras vidas —este es el Reino donde existe poder, sabiduría, paz, armonía y todo lo necesario para ser feliz completa y permanentemente.

Podemos gozar de este Reino, aquí y ahora pues es nuestra herencia divina. Asimismo es nuestra misión el externar este Reino al mundo material o físico. Lo único que debemos hacer es reconocerlo, creer en Él y así lo iremos experimentando en nuestras vidas como amor, paz, salud y perfección en todas las áreas de nuestra vida.

Dejemos pues de buscar el Reino de Dios en lo más alto y trabajemos en nosotros mismos para manifestar todo este potencial que llevamos dentro. Jesús lo reconoció y lo vivió tan intensamente que nunca más se separó de Él, y nos dijo que lo que él había hecho nosotros también lo podemos hacer.

AFIRMACIÓN:

**"YO RECONOZCO Y ACEPTO EL REINO DE DIOS QUE MORA EN EL CENTRO DE MI PROPIO SER. ES UN REINO DE PAZ, AMOR, SALUD Y TODO LO BUENO".**

# PENSEMOS SIEMPRE EN DIOS, NO EN LOS PROBLEMAS

**D**iariamente al levantarnos por la mañana, en lugar de comenzar el día pensando en nuestros problemas, debemos pensar en Dios y centrar nuestra atención en Él.

Pensemos en Dios y agradezcámosle porque ya sanó lo que debía de ser sanado en nuestra vida o ya resolvió nuestros problemas.

Pensar en Dios y en Su protección es sentir Su presencia dentro y alrededor de nosotros y es sentirnos siempre protegidos y seguros en nuestra vida.

Mentaliza en la forma siguiente: *"Yo pienso en Dios y Él me guía con Su luz, por eso yo siempre camino seguro. Yo pienso en Dios y no en mis problemas pues al hacerlo, la respuesta correcta siempre viene a mí. Yo reconozco la Presencia de Dios en cada situación o condición y Esta Presencia lo resuelve todo. Yo estoy en paz conmigo mismo, con todo y con todos. Todo está en paz en mi mundo"*.

Al pensar en Dios siempre, nunca tendremos problemas, y si surgiere alguno, nosotros tendremos una respuesta acertada. Mantengamos siempre nuestro pensamiento unido al de Dios para lograr una vida plena de felicidad ahora y siempre.

AFIRMACIÓN:

**"YO PIENSO EN DIOS TODO EL DÍA. ÉL ES MI GUÍA, MI PROTECCIÓN Y MI REFUGIO POR SIEMPRE".**

# CÓMO VENCER
# LOS TEMORES

**M**uchos de nosotros quisiéramos ser autosuficientes, o sea, valernos por nosotros mismos, sin depender de los demás, pero cuando pensamos eso, al mismo tiempo sentimos temor y creemos que quizás no vamos a poder lograr lo que nos proponemos. Al sentir temor, estamos obstaculizándonos nosotros mismos. Inconscientemente nos estamos menospreciando, pues al hacer esto ya estamos diseñando el fracaso en nuestra mente, aun antes de intentarlo.

Para vencer este miedo o temor que todos tenemos —o hemos tenido— debemos principiar con algo fundamental para vencerlo. Cuando reconocemos que somos Hijos de Dios y que Él es nuestro Padre-Espiritual, entonces siempre estaremos apoyados. Nuestro Creador siempre nos impulsa hacia el éxito y máxime cuando sea algo nuevo que va a ser de beneficio para nosotros y para los demás, entonces debemos actuar sin miedo, con convicción de que todo nos va a salir bien.

Si queremos vencer al temor debemos pensar siempre positiva y constructivamente, sobre todo confiar en Dios, en Su Presencia invisible que todo lo sabe, que todo lo ve y que todo lo puede. Partiendo de esto nosotros nunca tendremos miedo, porque siempre estaremos protegidos y en nuestra mente no habrá cabida para el temor, él desaparecerá del mismo modo que apareció.

AFIRMACIÓN:

**"YO NO TENGO TEMOR,
YO NO SUFRO DE ANGUSTIA MENTAL,
PORQUE YO SOY UNO CON DIOS".**

# BENDICIÓN
# Y GRATITUD

**S**in duda alguna, las más poderosas y grandiosas oraciones que nos enseñó nuestro Señor Jesucristo fueron: "BENDICIÓN y GRATITUD". Desafortunadamente, son pocas las personas que las ponen en práctica constante. Nosotros los invitamos de corazón a que todos los días las practiquen. Ustedes experimentarán en sus vidas resultados inmediatos.

Por ejemplo para usar la gratitud, al despertarse por la mañana, oren de la siguiente manera: *"Gracias Dios mío por haberme permitido amanecer con vida hoy. Gracias te doy Padre por este maravilloso hogar que me has dado; por esta hermosa familia —si la hay. Gracias, porque éste va a ser un hermoso día, lleno de satisfacciones y éxito... y Así Es"*.

Para usar la bendición decimos lo siguiente: *"Dios bendice mi hogar y yo lo bendigo también, yo bendigo a toda mi familia, a todas las personas, cosas y situaciones. Dios lo bendice todo y yo lo bendigo también... y Así Es"*.

También es de suma importancia bendecir los alimentos antes de tomarlos y no después. Tú puedes orar de la siguiente manera: *"Gracias Señor por bendecir estos sanos y ricos alimentos que me has permitido tomar de Tu abundancia infinita. Gracias Señor porque nunca me faltan los mismos a mí y a mis familiares. Gracias Señor por habérselos proporcionado ya a los que antes no los tenían. Gracias Señor por bendecir a la persona que los preparó ricamente, y por Tu agradable compañía Señor, gracias, gracias, muchas gracias".*

Cuando empecemos a practicar la bendición y la gratitud, siempre tendremos abundancia en nuestra mesa y nunca nos faltarán los alimentos ni careceremos de ellos.

De la misma forma debemos bendecir todo lo que usamos, tanto en nuestro hogar como en nuestra persona, como son los aparatos eléctricos, ellos no se descompondrán y nos darán mejor servicio. Las prendas de vestir, ellas nos durarán mucho más tiempo y lucirán siempre como nuevas. Practícalo y lo comprobarás; en vez de maldecir las cosas bendícelas y podrás ver los resultados asombrosos.

AFIRMACIÓN:

**"YO BENDIGO Y AGRADEZCO A DIOS POR TODO EL BIEN QUE ME HA DADO. GRACIAS, DIOS, POR SER LA FUENTE INAGOTABLE DE TODO MI BIEN".**

# OLVIDEMOS PARA SIEMPRE EL PASADO

El pasado es como si fuese un cheque "cancelado", no tiene ningún valor. No obstante, hay personas que continúan atormentándose con su pasado, siguen cargando con todas esas "culpas", y aún hay quienes están viviendo en el pasado tan continuamente que hasta se olvidan de vivir el presente.

Si en el pasado hubo errores, faltas, fallas o equivocaciones, olvidémonos de todo eso. Perdonémonos por todo y procuremos no volverlo a hacer, y si hay oportunidad de enmendar algo, hagámoslo, pero debemos soltar y dejar ir nuestro pasado y vivir sólo en el presente, en el ¡ahora!

Dios con ese infinito Amor que tiene para con nosotros Sus hijos, desde el mismo momento en que nosotros nos arrepentimos y perdonamos de corazón todos los errores que cometimos —"pecados"—, Él nos perdona también. Dios jamás nos juzga o condena, somos nosotros mismos los que muchas veces nos autojuzgamos y condenamos muy cruelmente.

Ahora ya no hay por qué seguir "cargando" más con nuestro pasado, sigamos adelante con fe inquebrantable y firme convicción de que somos guiados por la Sabiduría de Dios, y por consiguiente nunca más volveremos a caer en los mismos errores.

De ahora en adelante podremos superar todas nuestras frustraciones y traumas creados en el pasado, los cuales nos tenían atados e impedían que gozáramos de nuestro bien. Disfrutemos pues de *"La Alegría de Vivir"*. Nunca es demasiado tarde para empezar. Hoy es el día; el mañana es hoy. Si vives feliz hoy, así será el mañana y tu pasado seguirá siendo también ¡HOY!

Dios nos quiere a todos por igual. Él quiere que todos Sus hijos seamos felices ¡AHORA!, ¡HOY! Él nos dio la vida, vivámosla felices hoy. Disfrutemos de la vida hoy para que nuestro mañana sea aún mejor. Si hoy vivimos felices, disfrutamos de la felicidad; esas son las "semillas" que estaremos sembrando y nuestra cosecha será una abundante felicidad.

AFIRMACIÓN:

**"GRACIAS, PADRE, POR LA VIDA,
GRACIAS POR LA DICHA Y LA FELICIDAD
QUE YO DISFRUTO ¡AHORA!
Y LA CUAL VENDRÁ EN ABUNDANCIA
EL DÍA DE MAÑANA".**

# CÓMO ARMONIZARNOS CON LOS DEMÁS

**B**ásicamente el hombre quiere que lo amen, que lo reconozcan, que lo comprendan. Él desea ser amado todo el tiempo pero, en ocasiones no es así. También desea que lo reconozcan pero, no es reconocido. Asimismo desea que lo comprendan pero, a veces nadie lo comprende. De estas situaciones desesperantes, reaccionando en contra de sus deseos, nace el resentimiento.

Si deseamos ser amados, debemos primeramente amarnos y luego amar a los demás. Si deseamos ser reconocidos, debemos primeramente reconocernos y entonces dar reconocimiento a los demás. Si deseamos ser comprendidos, debemos primeramente comprendernos nosotros mismos y luego saber escuchar y ser comprensivos y comprender a los demás.

Si actualmente no estamos recibiendo aquello que deseamos tener, es que no lo hemos dado. Necesitamos primero dar para luego poder recibir, es la ley inmutable de correspondencia; aquello que damos recibimos. Es una ley natural que no podemos ver, pero que sin embargo actúa de acuerdo al uso que hacemos de ella, ya sea a nuestro favor o en contra.

El hecho de que el hombre desea ser amado, reconocido, respetado y comprendido, no es un deseo individual sino de toda la humanidad. La razón de esto se debe a que en el fondo él siente esta necesidad. Es esa parte Divina que llevamos dentro, como hijos de Dios, que siente la necesidad de aflorar en nuestras vidas para que la perfección interna sea reconocida y manifestada en lo externo.

Reconozcamos primeramente que dentro de cada uno de nosotros existen ya todos los atributos de Dios, los cuales son nuestra herencia divina. Ellos son:

*VIDA*
*AMOR*
*SABIDURÍA*
*INTELIGENCIA*
*CREATIVIDAD*
*BELLEZA*
*ALEGRÍA*
*PAZ*

Al hacer este reconocimiento de todos estos atributos, ellos se manifestarán tarde o temprano en nuestra vida, originando el cambio en nuestra percepción y haciendo que todas las personas nos amen y reconozcan en la misma forma que nosotros lo haremos hacia ellos.

AFIRMACIÓN:

**"YO SÓLO RECONOZCO LAS CUALIDADES Y VIRTUDES QUE EXISTEN DENTRO DE MÍ Y EN CADA UNO DE MIS SEMEJANTES, PORQUE TODOS SOMOS HIJOS DE DIOS".**

# OLVÍDATE
# DE LAS
# PREOCUPACIONES

**N**o te preocupes por los problemas del pasado, ni te preocupes por el futuro. Vive sólo el presente, porque la preocupación actúa como un irritante morboso hacia tu sistema nervioso y finalmente provoca una enfermedad fisiológica en tu organismo, causándote serios problemas de salud.

El pasado, como la palabra lo indica, ya ha pasado y es algo que no puede volver a nuestra vida, excepto que nosotros lo recordemos, por lo tanto, es una necedad preocuparnos por ello. En cuanto al futuro, como aún no llega, el preocuparnos también por él viene siendo una tontería. Siempre nos olvidamos del maravilloso presente que es el momento en el cual, con nuestro pensamiento, estamos creando nuestro porvenir o futuro.

Por lo tanto, aquellas personas que están preocupándose por el pasado y por el futuro, se olvidan de vivir el presente y siempre estarán viviendo vidas frustradas, sin saber el porqué, pudiendo vivir en el ¡ahora! Feliz. Desecha de tu pensamiento toda preocupación, lo mejor que debes hacer es gozar el momento presente, olvidarte del pasado y no pensar en el futuro. Cuando cambies tu manera de pensar, cambiará tu manera de vivir, así de simple.

---

AFIRMACIÓN:

**"YO NO ME PREOCUPO MÁS POR EL PASADO, SÓLO VIVO EN EL ETERNO ¡AHORA! LA VIDA DE DIOS EN MÍ NO ESTÁ SUJETA AL TIEMPO, POR ESTA RAZÓN YO VIVO MI VIDA FELIZ AHORA Y SIEMPRE Y ASÍ ES".**

# ¿A QUÉ LE TEMES?
# LA FELICIDAD
# ESTÁ DISPONIBLE
# PARA TODOS

¿A qué le tienes miedo? ¿Temes acaso a las opiniones de la gente? ¿Le temes al futuro? ¿Le temes a la soledad? O ¿tienes miedo dar amor y no ser correspondido?

Yo ahora te digo: No le temas a nada porque el temor no es algo, o alguien que te pueda hacer o causar daño. El llamado temor es tu propio pensamiento, consecuentemente, si tú eres una persona temerosa, entonces tú le tienes miedo a tu propio pensamiento. Si razonamos, sería ilógico que tú mismo tuvieses el deseo de hacerte daño, ¿o sí lo harías? Por supuesto que no.

Si le temes a las opiniones de la gente, permíteme decirte que estás en un error. Tú estás aquí para expresar tu naturaleza al igual que cada uno de los demás, por consiguiente, cada cual está en su libre derecho de ser y hacer lo que le parezca mejor. No trates de ser como otros, o hacer lo que otros dicen que debes de ser o hacer; sé siempre tú mismo.

Si eres una persona temerosa del futuro, analiza por un momento tu pensamiento y piensa sólo en el presente, porque este presente será tu futuro. Tú siempre estás sembrando —a través de tus *"pensamientos"*— que son como semillas en la tierra, las cuales germinan, crecen y dan fruto o florecen, según su clase. Si tú piensas ahora en la felicidad y disfrutas de ella, cosecharás mañana aún más felicidad. Hay quienes dicen que la soledad es *"mala consejera"*, pero eso no es verdad, realmente nunca estamos solos, siempre hay una Presencia que está dentro y alrededor de nosotros, es eso que llamamos Dios en nosotros. En vez de sentir soledad, tú debes sentir Esta Presencia y conversar con Ella como si estuvieras conversando personalmente con alguien que amas, y así obtendrás respuesta a toda pregunta que le hagas.

No temas amar y dar amor, hazlo siempre con generosidad e incondicionalmente, porque todo lo que sale de ti, regresa a ti multiplicado. Cuando tú das sin interés alguno, es cuando empiezas a sentir la verdadera felicidad, porque desde el momento mismo en que estás dando, ya estás recibiendo, al ver el rostro de felicidad que expresa la persona que está recibiendo tu amor, y eso es sólo una parte muy pequeña de lo que tú recibes cuando das con verdadero amor. Tú siempre estarás recibiendo y nunca tendrás necesidad de pedir, porque estarás rodeado de todo lo bueno que hay y existe, porque todo eso es el amor.

Piensa que es mejor dar que recibir y también recuerda: *"Aquel que da, siempre recibe"*, porque está haciendo uso correcto de la Ley de compensación o correspondencia.

Por lo tanto, no temas dar con el máximo de generosidad, sabiendo que el amor proviene de una fuente infinita, la cual está en ti y que es Dios mismo expresándose como tú, y Él te premiará rica y generosamente.

AFIRMACIÓN:

**"PADRE: HOY YO HE DECIDIDO DAR, DAR Y DAR. YO ME AMO A MÍ MISMO Y DOY MI AMOR A LOS DEMÁS, Y ASÍ COMO YO DOY, ESTE AMOR REGRESA A MÍ MULTIPLICADO, RODEÁNDOME DE TODO LO BUENO. GRACIAS, DIOS".**

# DEJA QUE LA SABIDURÍA DIVINA SE ENCARGUE DE TU CUERPO

La mente consciente del ser humano si se mantiene en receso o bien en calma, tranquila, serena, sin transmitir pensamientos negativos a la mente subconsciente, entonces el cuerpo se encontrará bajo el control perfecto de la Sabiduría Divina, la cual lo creó originalmente. Por lo tanto, si nuestro cuerpo se encuentra en perfecta serenidad, podemos gozar de una salud perfecta, porque todas las funciones de nuestro cuerpo estarán bajo el control de nuestra mente subconsciente, quien sabe qué hacer y cómo hacer para mantenerlo siempre en perfectas condiciones.

Mientras mantengamos una mente pacífica, sin preocupaciones, sin discordias, no tendremos que preocuparnos si los alimentos que tomamos son los adecuados o si serán lo suficientemente nutritivos. Cuando nosotros dejamos que la Sabiduría Divina nos guíe, Ella se encargará de traer a nuestra mesa la comida adecuada para nutrir nuestro cuerpo.

Algo que nunca debemos hacer es tomar nuestros alimentos cuando nos encontremos irritados, preocupados o con temor. Es mejor esperar un poco hasta estar tranquilos, para que en esta forma nuestros alimentos no nos causen ningún trastorno digestivo o podamos interferir para la buena digestión de los mismos.

---

AFIRMACIÓN:

**"YO AHORA DEJO QUE LA SABIDURÍA DIVINA SE HAGA CARGO DE MI CUERPO; ELLA ME GUÍA EN TODO LO QUE HAGO Y YO TENGO UNA SALUD PERFECTA Y PERMANENTE".**

# CÓMO TRANSFORMAR NUESTRO AMBIENTE

A veces pensamos que algunos de nuestros familiares o personas de nuestro ambiente tienen hábitos desagradables y deseamos ayudarlos para que mejoren esas fallas mediante consejos y sugerencias. En ocasiones esos consejos y sugerencias tienden a despertar un sentimiento de hostilidad en ellos hacia nosotros, impidiendo la corrección de las faltas. Por esta razón es mejor no señalar las faltas, sino encomendar todo a Dios, orar a Él para que los ilumine y puedan enmendarse.

Dios es Omnipotente y Omnisciente, por eso podemos encomendar los malos hábitos de los demás a Él, de esta manera podemos ayudar a corregirlos sin despertar en ellos sentimientos hostiles hacia nosotros. No debemos juzgar ni criticar a los demás y no debe importarnos cómo otros pueden parecernos a nuestra vista, debemos negar toda apariencia de la forma equivocada, sabiendo que la imagen que estamos viendo es con nuestra mente engañada.

Entonces debemos agradecer profundamente desde el fondo de nuestro corazón que el verdadero "Hijo de Dios" que mora dentro de cada uno de nosotros ya se ha manifestado y que estando todos en las manos de Dios, todo está perfecto.

---

AFIRMACIÓN:

**"YO AHORA SÓLO VEO LA PERFECCIÓN
DE DIOS EN MÍ Y EN TODAS
LAS PERSONAS.
TODO ESTÁ BIEN EN MI VIDA".**

---

# PARA QUE HAYA ORDEN Y PROGRESO EN EL PAÍS

Cuando nosotros nos damos cuenta y sabemos que todas las "malas" situaciones que se nos presentan en nuestro mundo físico, son el producto de nuestra mente "engañada" —resultados de pensamientos erróneos— debemos cambiar nuestra actitud mental por nuestro propio bien y el de los demás.

Empecemos desde hoy todos y cada uno de nosotros a pensar en: "Orden y Progreso", para que así todos nosotros unidos como una sola mente, podamos ayudar a nuestro país a salir adelante. Necesitamos ayudar a todas las personas a que cambien su manera de pensar con respecto a la situación de nuestro país. Cambiemos esos "malos hábitos" —pensamientos negativos— por buenos; simplemente mentalicemos constantemente: "En mi país sólo existe Orden y Progreso". Así como en las personas que al cambiar de pensamiento se alivian de sus males, asimismo vamos a ayudar a nuestro país a salir avante de cualquier situación que no sea buena.

Sólo cuando cada uno de nosotros pensemos positivamente y en Orden y Progreso, estaremos contribuyendo para el cambio en nuestro país. Demos gracias a Dios porque Él a través de nuestros máximos dirigentes está actuando y dirigiendo con Su Sabiduría los destinos de nuestro país y por eso todo está en Orden Divino; en constante Orden y Progreso.

AFIRMACIÓN:

**"GRACIAS, DIOS, PORQUE EN ESTE PAÍS SÓLO HAY ORDEN Y PROGRESO. TODO ESTÁ EN ORDEN DIVINO".**

# OREMOS
# POR LA PAZ
# DEL MUNDO

La presente situación que estamos viviendo en el mundo es tan grave, que creemos necesario que a través de revistas y conferencias se ore por la paz mundial, porque el mundo se asemeja a un callejón sin salida.

A menos que todos irradiemos pensamientos y sentimientos de armonía y paz a toda la humanidad, de esta forma lograremos que estas vibraciones de ondas radiadas desde el mundo espiritual emanen en toda la humanidad y así encontraremos la paz que todos anhelamos vivir. Esta paz debe principiar dentro de cada uno de nosotros, principiando por nuestro hogar, en la oficina, en otras palabras, en el mundo que nos rodea. Porque no podemos anhelar ni dar lo que no tenemos.

Oremos de la siguiente manera:

*"Fluye hacia mi interior, el Amor infinito de Dios
y en mí resplandece la luz espiritual del amor.
Esta luz irradia intensamente y cubre toda la faz
de la tierra con el Amor Infinito de Dios.
Esta luz se extiende a todos los corazones de
la humanidad, unidos en un solo amor y un solo
espíritu de paz... Y así es. Amén".*

AFIRMACIÓN:

**"PADRE: PERMITE QUE TU PAZ
SIEMPRE PRINCIPIE EN MÍ.
LA PAZ DE DIOS ES MI PAZ AHORA".**

# ¿QUÉ ES PERSONALIDAD?

*E*n este primer libro, *"La Alegría de Vivir"*, no quisimos dejar de incluir un tema tan interesante para todos nosotros como lo es el de la personalidad. Principiaremos por definir qué es personalidad.

Personalidad es la forma en que una persona expresa su individualidad, las características que ella muestra, el grado en que ha desarrollado ciertas cualidades, la manera en que se expresa. Sus modales, apariencia, o podríamos definirlo en otras palabras: Personalidad es *el resultado* de lo que la persona hace. Sus pensamientos, emociones y acciones, *son lo que realmente es su individualidad*.

Todos nos preguntamos: ¿Cómo puedo saber si tengo buena personalidad? o ¿cómo podría saber si no tengo buena personalidad? y ¿qué puedo hacer para tenerla?

La respuesta es sencilla: Tú puedes saber si tienes buena personalidad o no, preguntándote a ti mismo. Si a las personas con las que tú convives diariamente, ya sea en tu hogar, en la oficina o actividad social, les agrada tu compañía y les gusta tenerte cerca, eso quiere decir que tienes buena personalidad social, y si no la tienes, puedes trabajar en ti mismo para desarrollar las buenas cualidades que como "Hijo de Dios" que eres, ya posees, pero que desafortunadamente no las has venido practicando.

Una persona con buena personalidad siempre está ¡alegre! Hay varias razones por las que debemos cultivar una buena personalidad. Una de ellas es que nos da la oportunidad de que nuestra presencia sea apreciada por quienes nos rodean, y la otra es que nos da la oportunidad de exteriorizar las cualidades que llevamos dentro de nosotros y que son: Consideración, comprensión, amor, paciencia, ayuda y muchas más. Tenemos que tener estas cualidades siempre presentes cuando tratemos con los demás.

AFIRMACIÓN:

**"YO CADA DÍA ESTOY EXPRESANDO MÁS Y MÁS LAS CUALIDADES DE 'HIJO DE DIOS' LAS CUALES ESTÁN DENTRO DE MÍ".**

# SEGUNDA
# PARTE

---

# LA
# ALEGRÍA
# DE VIVIR

# EL PROCESO CREATIVO

**D**espués de haber leído hasta esta página de nuestro libro, deseamos que comiences a tomar más responsabilidad de lo que piensas, sabiendo que *pensar es crear.* Analízate cómo estás pensando acerca de ti mismo. Vamos a analizar nuestro pensamiento. Tú tienes que darte un tiempo para ti. Primeramente busca un lugar tranquilo, donde no seas molestado por nada ni por nadie. Siéntate muy cómodamente y, por ejemplo, hazte esta pregunta: ¿Cómo y qué he pensado yo acerca de mí mismo y de mi cuerpo? La mayoría de las personas están *"preocupadas"* por bajar o subir de peso. Nosotros hemos encontrado este pensamiento en todas partes del mundo donde hemos estado; en diferentes culturas y esferas sociales.

Por esta razón, ahora queremos que tú pienses por un momento cómo y qué has pensado acerca de ti mismo y de tu cuerpo. Tú puedes hacerte las siguientes preguntas para que hagas una evaluación de tu pensamiento habitual: ¿Estoy subiendo de peso? o ¿estoy bajando de peso? ¿Me gustaría mantenerme en el peso que yo deseo? ¿Mi figura no está normal? ¿Me gustaría tener una figura deseada? Si la mayoría de las respuestas fueron sí, te sugerimos que sigas esta *"Dieta Mental",* la cual traerá perfección para tu cuerpo.

Párate frente a un espejo donde puedas verte de cuerpo completo y repite lo siguiente: *"Yo tengo el peso perfecto para mi cuerpo, de acuerdo a mi estatura y estructura ósea, yo tengo una hermosa y perfecta figura. Mi cuerpo es el templo del Dios viviente en mí. Yo amo y bendigo mi cuerpo, yo sólo como alimentos sanos y bebidas que son nutritivas para mi cuerpo. Yo tengo perfecta circulación, perfecta asimilación y perfecta eliminación, por consiguiente, mi cuerpo se mantiene siempre en perfecta salud y figura... Y Así Es".*

Repite esta sesión cuantas veces puedas por la mañana, al mediodía y por la noche antes de dormirte, mínimo tres veces al día. Es muy importante que antes de tomar cada uno de tus alimentos los bendigas y reconozcas que ellos provienen de la Fuente inagotable —nuestro Creador—, enseguida afirma con convicción: *"Yo todo lo que como, me nutre y me da energía y fortaleza. Yo sólo como lo que mi cuerpo necesita, yo no como ni de más ni de menos. Yo controlo mi apetito, él no me controla a mí".* En el transcurso de 21 días o antes, podrás empezar a ver los resultados por ti mismo, aunque muchas de las personas que te rodean lo notarán primero. Llegará el momento en que tendrás el peso y figura perfectos y así te mantendrás sin necesidad de dietas drásticas o rigurosas. Tú comerás sólo lo necesario hasta calmar tu apetito y te sentirás feliz, disfrutando de la vida y de todo lo bueno.

Esto es un proceso natural, es el **Proceso Creativo**. La mayoría de las personas desconoce su forma de trabajar y por esta razón, generalmente, siempre obtienen los resultados no deseados, o sea, lo opuesto a sus deseos.

En otras palabras, ellas siempre están pensando en lo que no desean ver manifestado en sus cuerpos, y la mecánica a seguir es pensar en lo que realmente se quiere tener o experimentar. Por ejemplo, muchas de estas personas siempre están diciendo: "Yo estoy aumentando de peso; yo me veo muy obeso(a); yo como demasiado; yo no puedo controlar mi apetito; yo si bebo un vaso de agua, éste me engorda", etc., y sin darse cuenta, eso es lo que ellas están decretando y, consecuentemente, produciendo mediante el *Proceso Creativo* que siempre nos está diciendo *SÍ* a todo lo que pensamos y decimos, sea verdadero o falso, Él no es selectivo, sólo obedece y crea aquello que le damos atención y enfoque.

La Trinidad en nuestro ser aparece y se desarrolla a través de la naturaleza y con todo lo de la vida. Todo efecto es por una causa y ello se origina a través de una Trinidad. Por ejemplo, nosotros conocemos la electricidad, sabemos la forma de cómo trabaja y lo que ella hace, pero lo que muchos no saben es que: 1) Procede de un potencial muy alto y pasa a: 2) Un nivel bajo y luego: 3) Aparece ante nosotros iluminando a través de un filamento. Igualmente ocurre con un árbol: 1) Vemos la semilla. 2) Luego sabemos que hay un medio creativo que es la tierra quien la hace germinar. 3) Aparece después el árbol. Asimismo en nosotros existe una Trinidad que está representada como Espíritu —medio por el cual nosotros pensamos—, Alma —la Ley Mental o Proceso Creativo que sólo obedece y crea— y Cuerpo —la manifestación o expresión del Espíritu. En otras palabras, a través del Espíritu nos viene una idea o pensamiento, lo aceptamos, y el Alma lo procesa y crea, manifestándolo ya sea en nuestro cuerpo o bien en nuestro ambiente; dependiendo de la clase de idea o pensamiento surge la expresión.

Por lo tanto, nosotros somos una unidad con todo el mundo físico/material que nos rodea. Somos uno con la Ley Creativa del Universo en el mundo mental y uno con el Espíritu de Dios en el mundo consciente. Para nosotros Dios es Espíritu, Vida, Amor, Mente e Inteligencia Infinita, Energía. No existe separación entre la Vida que es Dios y nosotros —*Su divina creación.* Sólo somos entidades diferentes, somos centros individualizados en la Conciencia-Dios —pero unidos por siempre a Él. Somos *Imagen* y *Semejanza* de nuestro Creador. La aparente separación que a veces experimentamos la hacemos en nuestra mente. Cuando negamos nuestra naturaleza real que es espiritual y enfocamos nuestra atención en lo físico/material, es cuando padecemos escasez, limitaciones y todo tipo de malestares, pero aún así la Vida está ahí en nosotros, puesto que estamos viviendo a pesar de todas esas carencias.

El ignorar este *Proceso Creativo* en cada uno de nosotros, no nos exime de tener experiencias no deseadas, sin embargo, consideramos que es un proceso natural por el cual tenemos que pasar para poder crecer y llegar al conocimiento del mismo y entonces es cuando empezamos a sacar provecho de este Poder, enfocando nuestro pensamiento sólo en aquello que deseamos tener y disfrutar.

A continuación vamos a simplificar con algunas gráficas cómo funciona este *Proceso Creativo* y cómo tú puedes obtener exactamente lo que deseas, pero ten presente que este Poder que está en ti sólo obedece y crea lo que tú aceptes y creas, sea esto verdadero o falso, o como dijera el Maestro Jesús: *"Te será dado en la medida que tú creas".*

# La trinidad en el ser humano

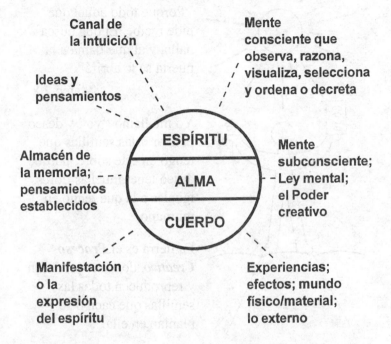

Canal de
la intuición

Mente
consciente que
observa, razona,
visualiza, selecciona
y ordena o decreta

Ideas y
pensamientos

ESPÍRITU

Almacén de
la memoria;
pensamientos
establecidos

ALMA

Mente
subconsciente;
Ley mental;
el Poder
creativo

CUERPO

Manifestación
o la
expresión
del espíritu

Experiencias;
efectos; mundo
físico/material;
lo externo

**ESPÍRITU:** Principio, causa absoluta, lo eterno
(origen de todo lo creado).

**ALMA:** El Poder creativo, Ley mental
(sólo obedece y crea lo decretado).

**CUERPO:** La expresión visible
de lo invisible.

## LA CREACIÓN

"Porque todo aquél que pide recibe. El que busca halla, y al que llama a la puerta se le abrirá".

Mateo 7:8

Yo me llamo "yo" y deseo plantar estas semillas que tengo en este sobre, porque deseo tener muchas flores, iguales a la que tengo en mi mano.

La tierra es el *Proceso Creativo*, donde se producen y reproducen todas las semillas que caen o se plantan en ella.

Nuestros pensamientos son similares a las semillas, ellos producen de acuerdo a su clase. Si pensamos negativamente, tendremos una cosecha de tristeza, enfermedad y toda clase de carencias y limitaciones. Por el contrario, si pensamos positiva y constructivamente, entonces cosecharemos felicidad, salud, paz y toda clase de cosas buenas, así como provisión y prosperidad.

De la misma forma que seleccionamos nuestras semillas para obtener una buena cosecha, debemos también seleccionar nuestros pensamientos para obtener lo que realmente queremos disfrutar en nuestra vida.

# EVOLUCIÓN

Pues todo lo mío es tuyo
y lo tuyo es mío.
Y yo soy glorificado
por ellos.

Juan 17:10

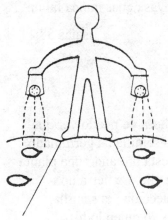

Después de haber plantado
mis semillas, tengo que
cuidar de ellas regándolas
y dejando que el sol
también haga su parte
al igual que la tierra.

De la misma forma, cuando hayas plantado tus pensamientos —*deseos*— en la Mente Subjetiva —*el Medio Creativo*—, tienes que seguir cuidándolos para que no penetren pensamientos negativos, como la duda, temor, ansiedad, envidia, celos, etc.; aliméntalos pensando positivamente, con expectación en el resultado. Mantén tu fe firme en que ellos producirán tus deseos de un momento a otro.

## LA EXPRESIÓN

"El Señor te guiará
de continuo y satisfacerá
tu alma con comida jugosa.
Dará fuerza a tus huesos.
Serás como huerto bien
regado y como manantial,
cuyas aguas nunca faltan".

Isaías 58:11

Ahora yo puedo ver que
mi semilla ha germinado
y está brotando una planta
de ella. La tierra no
seleccionó la semilla,
fui yo quien lo hizo.

Igualmente, la Mente Subjetiva es como la tierra del jardín, no es selectiva, sólo produce de acuerdo a tu elección —pensamientos. Si tú plantas pensamientos —"semillas"— de felicidad, salud, armonía, amor, paz y éxito, eso experimentarás. De la misma forma, si plantas pensamientos de escasez, enfermedad y discordia, eso también obtendrás.

# LA PALABRA EN FORMA

"El que guarda su boca
y su lengua se guarda
a sí mismo de angustia".

Proverbios 21:23

Ahora puedo ver y palpar
las plantas que brotaron
de las semillas que yo
seleccioné. Yo sabía que
así sucedería, por esta razón
las planté. La ley de la
Naturaleza no falla.

En esta misma forma tú puedes ver realizados tus pensamientos en experiencias, porque la Ley Mental —el Subconsciente— siempre produce para ti de acuerdo a tu creencia. En otras palabras, la ley no es selectiva. Ella siempre nos dice *sí*, ya sea verdadero o falso, bueno o malo.

Cuando realmente comprendemos este proceso en nosotros, entonces podremos tener una cosecha abundante de sólo cosas buenas, deseadas; y por ningún motivo pensaremos en algo indeseable o algo que no queramos ver realizado en nuestra vida.

# EL ÚNICO PODER QUE CREA ES DIOS

**C**omo el poder de la electricidad o la vida de las flores que no pueden ser vistos por la simple razón de ser Espíritu, ese Poder es uno solo y el mismo. Cuando vemos las cosas manifestadas es cuando podemos percibir este Poder como formas, las cuales fueron hechas o moldeadas por Él mismo, pero dentro de todas estas formas que podemos percibir está este gran Poder que nos sostiene y nos mantiene a todos por igual en toda nuestra existencia.

El Espíritu no es una cosa o una persona, sino un Poder y este Poder es el Poder de la Mente. Este Poder debió de existir antes en el Universo. Antes de que se manifestara en cosas o antes de que apareciera en nuestro mundo físico. Podemos decir en otras palabras que el Espíritu es el Poder que sabe, o la Mente que piensa y la Inteligencia que crea. Es eso que llamamos el Principio de vida en las plantas, en los animales y en nosotros mismos; es lo que hace que todo exista y crezca. Es esa Inteligencia Divina o Inteligencia Universal o bien Mente, Espíritu.

Nosotros vivimos en un Universo vibrante como lo es la Inteligencia Activa del Espíritu Creativo. Las rocas, las plantas, los árboles, los animales y el hombre, todos provenimos de la misma Fuente; de la misma Raíz que es nuestro Creador. De otra forma sólo viviríamos en un universo donde habría muchos poderes y diferentes inteligencias, en donde entonces no podríamos comprendernos unos y otros y estaríamos viviendo en continua discordia. Pero la ciencia nos dice que vivimos en un universo de perfecto orden, y el hombre puede comprender que este orden proviene de la Mente Universal, de un solo Poder, una sola Fuente infinita la cual es Dios, el creador del universo, de la perfección y de todo lo bueno.

Podemos describir también a este Poder como Amor, porque *"Todo es Amor y todo es Ley"*, como dijera Browing. El Poder del universo es bueno con todos nosotros y está en todas partes, siempre disponible para ser usado por nosotros, en cualquier cantidad, así como el sol que nos calienta con su luz a todos por igual y el aire que respiramos todo el tiempo.

Para nuestro Creador todos somos iguales y Él nos ama también por igual, Él no tiene favoritos. Él hace lo mismo por aquél que lo reconoce como por el que no lo reconoce. Todos hemos sido dotados de todo lo necesario para vivir felices, para no carecer de nada, sólo que muy pocos hemos reconocido, aceptado, valorado y aprovechado este Poder en nosotros, asimismo los regalos divinos de nuestro Eterno Dador muchas de las veces los rechazamos, ignorantes de que todo proviene de Él.

La electricidad al mismo tiempo que nos es de utilidad, puede hacernos daño si hacemos uso indebido de ella. Por ejemplo, con ella nos alumbramos, la usamos para calentar y para cocinar, pero si hacemos un corto circuito, podemos incendiar una casa; no obstante, la electricidad en sí no es quien nos daña, sino nosotros mismos en nuestra ignorancia o por el mal uso que hacemos de ella.

Lo mismo sucede con el Poder en nosotros, cuando hacemos mal uso de Él, nosotros mismos nos autocastigamos. Por ejemplo usamos el Poder —actuando Éste como Ley Mental en nosotros— al odiar, maldecir, desear mal para otros, decir tener siempre la razón o el control de todas las cosas y personas.

Entonces provocaremos sucesos desagradables, ya que estaremos generando negatividad e interferencia con la libertad que por derecho divino todos tenemos, consecuentemente, estaremos autocastigándonos porque todo lo que sale de nosotros, ya sea que lo pensemos o hablemos, eso regresará a nosotros multiplicado, porque es una Ley Divina o Mental. Tal vez hayas oído decir: *"No hagas a otro lo que no quieras para ti"* que significa lo mismo. La "Regla de Oro" es: *"Lo que desees para ti, tienes que desearlo también para los demás"*.

Debemos tener siempre presente que el único Poder que crea, cura y da vida es Dios. Cuántas veces hemos leído en los diarios o escuchado a algunas madres decir: "Yo te di la vida y yo puedo quitártela". Qué gran equivocación, porque el único que da la vida es Dios, nuestro Padre-Espiritual. Por supuesto que nuestros padres carnales sólo fueron el medio para que nosotros viniéramos a este mundo, pero esto no significa que nos hayan dado la vida. Que debemos de estar siempre agradecidos con ellos, por supuesto que sí; nosotros debemos estarlo eternamente y con nada les podemos pagar este hecho. Nosotros debemos expresarles nuestra gratitud y aprecio, por ejemplo, diariamente por la mañana decirles: "Buenos días papá, mamá, los quiero mucho; dándoles un abrazo", tal vez esto los pueda sorprender si es que no lo hemos hecho antes, pero después se irán acostumbrando, y hacerlo un hábito es muy bueno.

Recordemos siempre que el Espíritu que nos mueve, es la Vida individualizada de Dios en cada uno de nosotros y que el Amor que nos sostiene, la Sabiduría que nos guía y el único Poder curativo y dador de Vida es Dios mismo expresándose a través de nosotros como nosotros.

Ningún ser humano tiene poder para curar, ningún poder para dar vida, sólo Dios puede hacerlo. El Maestro Jesús lo dijo muy claro cuando lo expresó en esta forma: *"De por mí, nada puedo, el Padre que mora en mí, es quien hace las obras"*.

Todos somos canales por los cuales el Espíritu se expresa, pero debemos abrir nuestra mente al fluir divino de Él para que haga las obras como lo hiciera a través de Jesús. Recordemos también lo que Jesús dijo: *"Las cosas que yo hago, él las hará también, y más grandes cosas hará si tan sólo cree"*. No dudemos entonces que tenemos todas las posibilidades para lograrlo, pero siempre teniendo esa alta conciencia en la cual vivía el Maestro, reconociendo siempre su unidad con el Padre: *"Mi Padre y yo somos uno"*.

No somos toda la luz sino sólo las ventanas de la Luz de Dios, como los alambres que son los conductores para que fluya la energía a través de ellos. Nosotros no damos vida, sólo expresamos la Vida; nosotros no creamos, somos co-creadores con Dios. Por todo esto debemos recordar siempre que primero en todo es Dios. Afirmemos: "Mi Padre Celestial es el único que crea y da Vida, Él es mi Fuente infinita de todo bien. Y Así Es".

# LA
# BUENA FORTUNA

**E**l ensayista norteamericano Ralph Waldo Emerson dijo: *"Todos los hombres con éxito confían en la interrelación de la Causa y el Efecto"*. Esto nos indica que todo acontece por la Ley y no por la "suerte". Nada es por "casualidad", todo es originado por la Ley de Causa y Efecto accionada por nosotros a través de nuestro pensamiento y palabras.

*"La ley de la vida es la ley de la creencia"*. Cualquier cosa que aceptemos consciente o inconscientemente como una verdad para nosotros, aun siendo ésta falsa, irremediablemente sucederá. Es de verdadera importancia que conozcamos y creamos en el funcionamiento de la interrelación de nuestra mente consciente y la subconsciente, porque lo que se imprime en nuestro subconsciente —llamado también el almacén de nuestra memoria— será expresado en forma o experiencia. De acuerdo a nuestro pensamiento y sentimiento habitual, éste se imprime en nuestra subconsciencia y será el patrón o molde que gobernará las fases de nuestra vida.

Por esta razón debemos vigilar siempre nuestros pensamientos, porque con ellos estamos creando las condiciones o experiencias en nuestra vida y ambiente, ya sea para bien o para no-bien. El hombre que cree en la "buena suerte", la puede obtener, pero ésta será temporal. Él cree que esa "buena suerte" controla su destino y siempre estará esperando que algo le suceda; se sienta a esperar que le llegue alguna noticia, ya sea que se ha sacado un premio en una rifa o en la lotería.

En cambio el hombre que moldea y diseña su futuro por medio de su actitud mental, está consciente de que nació para tener éxito en la vida y triunfar en todo. Él es entusiasta, emprendedor, activo; dispuesto siempre a llevar a cabo cualquier idea que le venga a su mente y que ésta será para su bienestar y el de los demás.

El hombre que piensa en su "buena suerte", generalmente se está quejando y lamentando. Él no sabe que al confiar en la suerte está confiando en la casualidad. En cambio el otro que sabe que nació para ser un triunfador y que es su derecho divino tener salud, fortuna y éxito, así como paz mental, jamás estará sujeto a las condiciones, él trabaja de acuerdo con la Ley Mental, sabiendo que Ésta le responderá automática y matemáticamente. Él selecciona cuidadosamente sus semillas "pensamientos" y recoge una abundante cosecha, como salud, amor, felicidad y éxito permanente en todas las áreas de su vida.

No confíes en tu "buena fortuna", en los astros, amuletos o cartas, porque todo lo que proviene de lo externo no es permanente, sino que está siempre sujeto al cambio. Confía en Dios, quien mora en ti, Él es tu Fuente infinita de provisión, la cual es inagotable, lo único que debes hacer es vigilar tus pensamientos, porque como dijo Emerson: *"El hombre es lo que piensa todo el día"*. Esto significa que si tienes siempre pensamientos de prosperidad, abundancia, riqueza y éxito, indudablemente que eso mismo tendrás, porque lo semejante atrae lo semejante; lo que sale de ti regresa a ti multiplicado.

No importa cómo hayas pensado anteriormente, lo importante es cómo vas a comenzar a pensar de ahora en adelante, si es que quieres que tu vida cambie. El triunfo es tuyo, nadie, absolutamente nadie puede impedir que logres lo que te propongas realizar.

# EL JARDÍN DEL EDÉN

Se nos ha dicho y hemos leído que fuimos hechos a *"imagen y semejanza de Dios"* —nuestro Creador— y también hemos oído decir que todo lo creado por Él es bueno y perfecto. Esto quiere decir que todos nosotros, como Sus hijos, lógicamente somos buenos; de otra manera es antagónico a nuestra naturaleza pensar que el hombre es malo.

No podemos negar que hay personas que están actuando equivocadamente, pero eso no quiere decir que sean malas, ellas desconocen su verdadera naturaleza y mientras no se conozcan a sí mismas, seguirán haciéndolo hasta que les llegue la luz a sus mentes y se den cuenta de su error, entonces ellas cambiarán su manera de pensar, de ser o actuar y así cambiará su vida. Por lo tanto no hay bueno y malo, es lo que llamamos creer en dualidad. Sólo existe el Bien, o lo Bueno en la conciencia del ser espiritual. Pero hasta que no lo reconozcamos —intelectualmente— no podremos experimentarlo.

El "pecado" simplemente significa que hemos escogido mal, que hemos fallado, o hemos cometido un error y los errores muchas veces son necesarios, porque ellos vienen siendo los escalones para nuestro ascenso o crecimiento y desarrollo espiritual. El término "pecado" en el lenguaje

Hebreo, primera raíz de las palabras Shagah que quiere decir *extraviado* y Chata que significa *perdido,* fueron traducidas al idioma inglés como "pecado", por tener una definición similar. En otras palabras, "pecado" también quiere decir: "errar el tiro, fallar en el blanco o cometer un error", asimismo significa "extraviarse, salirse fuera del camino, estar perdido".

Ahora, lo importante que debemos hacer es olvidarnos de estos términos que tanto nos han dañado e impedido recibir nuestro bien. Realizar aquí y ahora que todo lo bueno nos pertenece por derecho divino. El ser humano ha sido provisto de todas las cosas necesarias para sanear todas las áreas de su vida, por lo tanto él debe continuar con la creación, sabiendo y pensando que tiene dentro de sí mismo todos los atributos y cualidades como los de Dios, los cuales son: Inteligencia, Sabiduría, Poder, Creatividad, Amor y Vida.

El Espíritu es Dios y de Él emanan también cualidades como: Armonía, Belleza, Paz, Serenidad, Bondad, Etc., igualmente hemos sido dotados del poder de elección e iniciativa. El término Hebreo para Edén es: *Gan* que quiere decir: "Una organizada esfera de actividad, un cuerpo, un universo, un jardín". Así también Edén significa: "Belleza, un tiempo, una estación, una era o placer".

El estar en el Jardín del Edén es estar en un estado espiritual de Conciencia Divina. Edén es el centro y presencia de Dios dentro del hombre, el "Lugar Secreto" del Más Alto donde todo lo bueno existe. Jesús el más grande filósofo-metafísico que ha existido lo definió como: *"El Reino de los Cielos",* el cual era interno y estaba a la mano. Por lo tanto, cada individuo es una idea perfecta en la

Mente Divina, una grandiosa posibilidad con una infinita capacidad. Así como existe un patrón en cada semilla, la cual contiene todo lo necesario para germinar, crecer, florecer y dar fruto según su especie, asimismo el hombre lo tiene todo, porque hay un plan para cada individuo en la Mente-Dios, lo que da margen a un anhelo necesario hacia el logro dentro de sí mismo.

A esto podemos llamarle la voluntad de Dios y al entenderlo de esta manera, algo dentro de nosotros nos impulsa para expresar esta voluntad Divina, que es Su incesante anhelo de expresarse y perfeccionarse a Sí Misma en cada creación, que somos nosotros en forma individual.

Dios plantó el Jardín del Edén (Gen.2: 8). El Señor Dios (Yavé, Jehová) se refiere al Dios personal, el cual creó el Edén que simboliza la relación personal entre el hombre y Dios y es el centro espiritual implantado en cada persona. Dios puso al hombre en el Jardín del Edén para que lo vistiera y gozara en él, demostrando con esto que al hombre se le dio libertad para dirigir su propio desenvolvimiento —destino. Así también le dio dominio al hombre para que él pusiera nombre a los animales y plantas y esto también significa que el hombre reconoce la naturaleza de cada uno de ellos; por lo tanto él tiene dominio sobre ellos, porque la conciencia alta controla lo bajo.

Y Dios creó a la mujer (Gen. 2:18, 21, 22). Este extraño nacimiento, como lo fueron también el de Moisés, Jacobo y Jesús, nos llama la atención para darnos una idea importante. El ser de Eva que fue creada de una costilla del hombre, nos dice que lo que ella representa es la cercanía del corazón. En la Biblia el corazón simboliza el Alma, que también significa el Aspecto Femenino o Poder Creativo en cada uno de nosotros.

Cuando Adán y Eva estaban en el Paraíso —Edén—, no tenían vestiduras y el estar sin vestidura es estar desnudo, que equivale a un estado natural, puro, sin mancha, sin juzgamiento y no contaminado. Cada uno de nosotros nació con una conciencia de perfección, en un estado puro.

Esto también nos indica que el estar sin vestidura es estar en el punto de perfección, donde uno puede empezar a crear, porque aún nada ha sido creado por este nuevo ser humano y cualquier cosa natural que es creada, no es vergonzosa porque es creada a través de un pensamiento puro —desnudo.

Cuando la serpiente tentó a Eva (Gen. 3:1-6), esto simboliza un aspecto de la mente que es el intelecto que ve, juzga y extrae conclusiones de la apariencia solamente. El intelecto quizás ve apariencias de ambos; bueno y malo y entonces tienta al individuo a creer en dualidad. Las dos serpientes entrelazadas en el árbol del bien y del mal representan los dos aspectos de la mente o sea el intelecto y la intuición; la Mente Consciente y la Subconsciente.

El probar del fruto prohibido simboliza la creencia en la dualidad —creer en el bien y el mal— y fue llamado también "el pecado original" —el error al escoger. Los sucesos siguientes de sufrimiento simbolizan la consecuencia de un individuo cuando falla al escoger o decidir, ésta acción también nos ilustra el deseo originándose en el nivel subconsciente.

Adán y Eva fueron expulsados del Edén por haber desobedecido las órdenes de Dios —al comer del fruto prohibido. Ellos sintieron vergüenza porque "fallaron al escoger" y por haberse dejado influenciar por su intelecto —la serpiente—, cometiendo así el "pecado" que originó su salida del Edén —lo bueno, el Paraíso.

Esto significa que cuando nos dejamos dominar por nuestro intelecto —el falso yo—, simbólicamente nos salimos del Edén —donde somos provistos de todo lo necesario para vivir siempre felices— y empezamos a sufrir de carencias y limitaciones; sentimos dolor, tristeza, desolación, miedo y angustia por el hecho de haber fallado, porque nos dejamos influenciar por nuestro propio ego personal que generalmente nos orilla a cometer errores cuando no lo hemos sabido dominar, más que todo, no hemos sabido educarlo.

Pero el hombre es esencialmente bueno, porque su naturaleza es Divina, no llena de "pecado". Dios creó y sigue creando Bien —sólo lo Bueno—, y si el hombre es una creación Divina, esto reafirma que él es bueno. La real y eterna naturaleza del ser humano es que él es esencialmente un ser espiritual, antes que humano; Creado sin culpa, y no necesita sentirse avergonzado o lleno de miedo de su estado natural. Él es un co-creador con Dios, por lo tanto, él puede pensar y elegir y a través de este proceso experimentar aquello que haya escogido con plena libertad.

Como en la parábola del Hijo Pródigo que relata la Biblia, cada uno de nosotros de una u otra forma hemos sido también hijos pródigos al tomar alguna decisión sin antes pedir guía espiritual y hemos errado, hemos fallado y sufrido por ello a la vez. En esta historia se nos dice que el Hijo Pródigo después de haberse gastado toda su herencia, empezó a sentir la escasez y, lógico, empezó a sufrir y a carecer de todo en su vida. Entonces recuerda que él es hijo de un padre muy rico y que no tenía por qué carecer de nada, lo único que requería era que él se arrepintiera y le pidiera perdón a su padre por lo ocurrido.

Entonces al regresar al hogar le dice a su padre: *"Padre, perdóname porque he pecado contra el cielo y contra ti..."* Ya no pudo decir más porque su padre ni siquiera le escuchaba, estaba feliz porque el hijo que se había ido y lo consideraba perdido había regresado nuevamente al hogar. Enseguida el padre ordena a sus criados que lo vistan con las mejores ropas y que preparen una gran fiesta para festejar el regreso del hijo —no hubo reproches, ni reclamos, ni juzgamientos, sólo dicha y felicidad.

De la misma manera nosotros podemos regresar al Paraíso —Edén— después de haber fallado al escoger nuestro bien, y si reconocemos nuestras faltas, nos arrepentimos de ello y nos perdonamos o pedimos perdón. Entonces reconocemos que como hijos de Dios que somos, Él que es todo Amor y Bondad ya nos ha perdonado y no nos castiga ni juzga, por el contrario, nos llena de bendiciones. Cada uno de nosotros podemos *"hablar"* con Dios porque Él mora en nosotros —Su Espíritu está individualizado e implantado en cada cual. Por esta razón tanto hombre como Dios pueden comunicarse mentalmente en todo momento, y para lograrlo sólo tenemos que aislarnos para meditar y como dijera Jesús: **"Cuando ores enciérrate en tu aposento y cierra la puerta"**; entonces entramos a nuestro "Lugar Secreto" donde nadie, absolutamente nadie puede penetrar, sólo nosotros tenemos la "llave" —éste es el Lugar Secreto del Más Alto como dice la Biblia. En este lugar encontraremos paz, alegría, armonía y felicidad... *"Busca primero el Reino de Dios y su justicia y todo lo demás te será dado por añadidura"* (Mateo 6:33). Esto último se refiere a que todas nuestras necesidades humanas serán llenadas al unirnos mentalmente con nuestra Fuente Eterna.

El despertar del hombre es gradual e individual y él está dotado de todo lo necesario para dirigir su propia evolución dentro de una alta conciencia. Él puede escoger y empezar lo que decida, cuando deliberadamente se conecte con su ser interno y actúe en concordancia con él.

Actuando de esta manera, él controlará su propio ambiente porque:

1. Él puede conocer la naturaleza de todo lo que le rodea, tanto en lo físico como en lo espiritual y él puede confiar y tomar ventaja de esto y:

2. Su subconsciente —el Poder Creativo— siempre responderá a su fe, creencia y convicción. Igualmente, cuando esté a cargo de sus pensamientos, sentimiento y emociones, nada le perturbará ni le será imposible de lograr.

Cualesquiera que sean sus deseos o propósitos él estará siempre a cargo de su vida, será su propio maestro y el arquitecto de su propio destino. Consecuentemente, vivirá por siempre dentro del Jardín del Edén, rodeado de todo lo bueno y gozando a plenitud.

# CUIDA TU
# JARDÍN MENTAL

E l Dr. Ernest Holmes, fundador del Movimiento Filosófico/Metafísico denominado Ciencia de la Mente, en su libro de texto *La Ciencia de la Mente* nos da en la siguiente forma su versión acerca de La Creación:

*"DIOS HIZO ESTE UNIVERSO MECÁNICO, LAS PLANTAS, LA VIDA ANIMAL; PERO ÉL NO ESTABA SATISFECHO. ÉL DESEABA CREAR UN SER, EL CUAL LO PUDIERA COMPRENDER Y RESPONDER A ÉL, POR LO CUAL ÉL CREÓ UN SER, EL CUAL TENÍA VIDA PROPIA DENTRO DE SÍ. ÉL PUDO HACER ESTO SOLAMENTE PARA COMPARTIR SU NATURALEZA CON ESTE SER, AL CUAL ÉL LE LLAMÓ HOMBRE. ÉL LO HIZO A IMAGEN Y SEMEJANZA SUYA. EL HOMBRE DEBIÓ SER CREADO DE SU MISMA SUSTANCIA ETERNA PARA QUE ÉL PUDIERA TENER SU VERDADERO SER Y HUMANAMENTE PUDIERA COMPARTIR SU NATURALEZA DIVINA Y PUDIERA TENER VIDA REAL. POR LO TANTO, DIOS HIZO AL HOMBRE DE LA ESENCIA DE ÉL MISMO Y VISTIÓ A ESA ESENCIA CON UNA FORMA DEFINIDA, Y DIOS DIJO DENTRO DE SÍ MISMO DESPUÉS DE HABERLO CREADO: 'SI YO DESEO TENER UN HOMBRE, EL CUAL SEA UN SER REAL, YO DEBO DARLE A ÉL LIBRE ALBEDRÍO.*

*ÉL DEBE DE SER ESPONTÁNEO, NO AUTÓMATA. ÉL DEBERÁ TENER DOMINIO SOBRE TODAS LAS COSAS QUE TENGAN MENOS INTELIGENCIA QUE ÉL MISMO. YO LE PERMITIRÉ A ÉL QUE LE PONGA NOMBRE A TODO LO QUE YO HE CREADO Y LE PERMITIRÉ QUE DISFRUTE DE TODAS LAS COSAS, PORQUE QUIERO QUE SU VIDA SEA LLENA Y COMPLETA SI ES QUE ÉL VA A EXPRESAR MI NATURALEZA'. POR LO TANTO DIOS LE DIO AL HOMBRE DOMINIO SOBRE TODAS LAS COSAS DE LA TIERRA. AL HOMBRE NO SE LE DIO DOMINIO PARA GOBERNAR EL UNIVERSO, PERO LE FUE DADO EL DOMINIO PARA GOBERNAR SU MUNDO... TENEMOS QUE RECORDAR QUE ESTA HISTORIA LA HEMOS ESCUCHADO MUCHAS VECES NARRADA EN UNA LENGUA HUMANA, LA CUAL SOLAMENTE PODEMOS IMAGINAR, PERO VAMOS A VER QUÉ TANTO DE ESTO PODEMOS PROBAR".*

Todo esto nos da una base para aplicar este conocimiento y experimentar por nosotros mismos si es o no verdad como el mismo Dr. Holmes lo indica. Por experiencias propias, nosotros te decimos que todo esto es cierto, que realmente funciona y que todo es muy sencillo, ¡simple! Por su misma simplicidad escapa a nuestro entendimiento el poder creer o aceptar que sea posible, real o verdadero. Sin embargo así es.

Una de las declaraciones de Ciencia de la Mente dice: "Cambia tu manera de pensar y cambiará tu vida", y tal vez te preguntes: "Ah sí, no creo que con sólo pensar bien me va a ir bien". Pues sí, así de simple es y así es como funciona; lo creas o no, lo aceptes o no.

Lo interesante es que si lo pones a prueba tú mismo te vas a convencer, porque te cuesta lo mismo pensar bien que pensar mal, o sea que estás usando el mismo Poder Creativo —que está dentro de ti— en ambas formas, para bien y para mal. Ahora bien, si tú sólo piensas en el bien, o sea enfocando tu pensamiento positiva, correcta y constructivamente, experimentarás sólo cosas buenas. Pero la duda en todos nosotros es normal, o tal vez en lo general, y dudamos porque se nos ha dicho y adoctrinado desde siempre que: "Todo es imposible; que tienes que sufrir para merecer; que tienes que sacrificarte para lograr algo en la vida; si quieres progresar tienes que trabajar muy duro, y que ganarás el pan con el sudor de tu frente; etc.".

Todos estos obstáculos o muros mentales que hemos aceptado inconscientemente al no saber cómo rechazarlos, se han establecido como patrones o moldes de conducta en nuestra subsconciencia, y muchos de ellos están muy activos y trayendo a nuestras vidas amargas experiencias como limitaciones, fracasos, carencias y toda clase de sufrimientos. La mayoría de las veces no pensamos ante situaciones o condiciones, inclusive ante sucesos con personas, sólo reaccionamos ante todo ello porque ya está establecido en nuestro subsconciente qué debemos decir o pensar.

Por ejemplo: Si alguien te grita ¿tú qué haces?, acaso te pones a pensar, ¿le debo responder con gritos, me sonrojo, me debo cohibir o me pongo a llorar? Seguro que no lo pensarás, sólo reaccionarás de acuerdo a como lo hiciste la primera vez que te sucedió algo similar o que viste que alguien contestó de esa manera y desde entonces tú lo estableciste en tu subsconciente —considerado el almacén de nuestra memoria—, pensando que esa era la forma como se debe de hacer cuando alguien te grite.

No obstante, nosotros te decimos que no importa lo que haya sucedido anteriormente en tu vida, lo que importa ahora es que tú decidas hacer los cambios debidos para que tu vida cambie para lo mejor. Y te repetimos: Ahora es el tiempo correcto, el momento preciso para que le pongas fin a esa vida de limitaciones que has venido experimentando, o si no la has tenido, para que la incrementes con más abundancia en todo; en síntesis: Iniciar una nueva clase de vida, una vida plena y llena de gozo.

El Dr. Ernest Holmes nos pone el ejemplo de que nosotros somos semejantes a un jardín. Siempre estamos sembrando en él, y esto es simple de comprender para cualesquier persona que sea razonable o desea razonar. Él nos dice que nuestros pensamientos son como las semillas que nosotros depositamos en la tierra. Ellas, según su clase, germinan a su debido tiempo, crecen, florecen y dan fruto o sólo son vegetales. La madre naturaleza hace su trabajo después de que nosotros hayamos hecho el nuestro, o sea, depositar nuestras semillas en la tierra. Nadie, ni el más sabio de los hombres puede explicarnos el proceso y cómo lo hace, ¿no es verdad?

Esto significa que *"hay un tiempo para sembrar y un tiempo para cosechar"*, pero que nosotros debemos seleccionar cuidadosamente la clase de semillas "pensamientos" que deseamos sembrar, para luego cosechar sólo lo que realmente deseamos tener. Nuestro Creador nos dotó a cada uno de nosotros —Su creación y expresión— del libre albedrío, que es el poder de seleccionar aquello que deseamos experimentar, lo cual hacemos a través de nuestro pensamiento. Por lo tanto, únicamente de nosotros depende la realización de cualquier deseo que tengamos. Nuestro subconsciente, que es como la tierra, sólo recibe las imágenes —"semillas"— de nuestras creencias y trabaja en ellas para traerlas a manifestación, ¿cómo hace para lograrlo? Eso tampoco nadie lo sabe, sólo sabemos que lo hace realidad.

Nuestra mente subconsciente, como la tierra, tiene todo el conocimiento y sabiduría, así como el poder necesario para realizar sólo lo que hayamos creído o aceptado, haya sido esto verdadero o falso; recuerda que sólo obedece y crea. Este poder creativo en nosotros jamás rechaza un pensamiento nuestro, porque su naturaleza es la de obedecer y crear únicamente. Ella no razona ni selecciona, eso le corresponde a nuestra parte consciente.

Nuestra mente consciente sí tiene el poder para rechazar o aceptar los pensamientos que vienen a nuestra mente o lo que otros nos dicen, ya sea esto verdadero o falso, eso depende de nuestra capacidad selectiva o creencia que tengamos. Lo cierto es que, todo pensamiento —como la semilla— ya sea bueno o malo, nos traerá un resultado al permitirle que penetre a nuestra subconsciencia —que es como la tierra.

Por ejemplo, si son nuestras semillas de buena calidad, tendremos una cosecha excelente y abundante; pero si no son todas de buena calidad, tal vez algunas nazcan, pero luego se marchiten y se sequen. El poder en nosotros al recibir pensamientos positivos como felicidad, amor, vida, salud, prosperidad y paz mental, nos dará una cosecha abundante de toda clase de cosas buenas. Si por el contrario son pensamientos negativos como: resentimiento, celos, discordia, envidia, temor y duda, entonces se manifestarán como enfermedades en nuestro cuerpo o bien un ambiente nada agradable; todo nos parecerá que anda mal.

Está científicamente comprobado que si a un resentimiento no se le da salida, entonces le sigue lo que llamamos coraje, si dejamos que esto continúe, se transforma en rencor, entonces esta actitud mental genera un veneno fatal para nuestro cuerpo, conocido como el temido cáncer. Esta clase de cáncer maligno que la ciencia médica no ha podido controlar, es debido a que ella sólo ataca el *efecto* que éste produce, no la *causa* que lo genera.

En Ciencia de la Mente nosotros aprendemos que toda causa es mental y que cuando eliminamos la causa que origina cualquier daño —llámese cáncer o simple gripe—, entonces el efecto desaparece. En otras palabras, si desechamos de nuestra mente el pensamiento negativo que es primeramente el resentimiento —la causa— simplemente perdonando, entonces la enfermedad —que es el efecto— desaparecerá. Como todo principia en nuestra mente, es a través del proceso mental como también desechamos todo malestar o daño que consciente o inconscientemente nosotros mismos generamos.

Por ejemplo, el médico cirujano corta un miembro cuando éste es afectado por el cáncer, para que ya no cunda. No obstante, pasado un tiempo, el mal surge en otra parte y el médico continúa mutilando al ser humano. Si él desconoce este proceso mental, entonces llegará el momento en que no dará alternativas al paciente y le dirá: "Esto no tiene fin, ya no puedo hacer nada por usted". Nosotros sabemos que mientras no se quite la causa —que es mental— no podrá controlarse esta enfermedad, así de simple.

En círculos científicos se dice que el noventa por ciento de las enfermedades son de origen mental. Por esta razón es importante que mantengamos un estricto control mental acerca de nuestros pensamientos, para que estos sean de carácter positivo y constructivo, en vez de ser negativos y destructivos.

Así como vigilamos nuestro jardín, para que semillas extrañas no caigan en él, produciendo y creciendo después plantas no deseadas, de igual forma tenemos que cuidar nuestro jardín mental, rehusando y rechazando todo pensamiento que no deseemos ver manifestado en nuestra vida.

Igualmente debemos mantenernos todo el tiempo conscientes y alertas de nuestro jardín mental, ya que es el jardín de Dios en nosotros; el jardín de nuestra alma. Éste también es considerado El Jardín del Edén, donde crecen nuestras esperanzas, deseos y anhelos; donde florecen y dan frutos. Si permitimos que la yerba mala los destruya —los pensamientos negativos, como son la duda, el temor o la ansiedad—, entonces esto puede malograr la belleza de nuestro jardín.

Por nuestro propio bienestar, debemos vigilar muy cuidadosamente nuestro jardín, debemos recordar siempre que es el jardín de nuestra alma y, por lo tanto, sólo debemos plantar semillas —pensamientos— de felicidad, alegría, salud, prosperidad, éxito y todo lo bueno. De hoy en adelante quizás sea necesario que tú prepares tu jardín mental, ¿cómo hacerlo? Como lo harías con el jardín en tu casa si quieres comenzar a tener un buen jardín, principias por limpiar el área de toda yerba que no quieras tener en él, lo escarbas y quitas todas las piedras que hubiere, lo abonas, lo emparejas y lo riegas, quedando listo para la siembra. Entonces seleccionas las semillas que deseas plantar o trasplantas lo que desees que crezca en tu nuevo jardín ¿no es así?

Asimismo lo vas a hacer con tu jardín mental, primeramente vas a tomar la decisión de cambiar tu actitud mental acerca de ti mismo y de los demás, tienes que olvidar el pasado y empezar a vivir sólo en el presente, porque éste será el producto que plantes para cosechar el mañana. Luego, de corazón, vas a perdonar todo error que inconscientemente hayas cometido en el pasado, no te lamentes más por cosas que pudiste haber hecho y no hiciste, eso ya no tiene objeto, es hasta cierto punto morboso el pensar en ello. Deja también fuera de tu mente todo resentimiento, dolor, tristeza, envidia, celos, toda ansiedad o preocupación, todo pensamiento que consideres que no te beneficia, sácalos de raíz para que no vuelvan más a crecer en tu nuevo jardín.

Una vez preparado tu terreno mental, toma tiempo para ti mismo, para que selecciones qué es lo que quieres ahora sembrar en tu nuevo jardín. Recuerda que nadie debe de hacerlo por ti, porque eso equivale a que tú vivas la vida de otro y no la tuya propia. Tú tienes la capacidad y el poder suficiente para hacer una buena selección, si no te sientes lo suficientemente seguro, entonces pídele guía a Dios y Él te responderá dándote ideas de cómo hacerlo.

Una vez sembrado tu jardín, permanece tranquilo y sé paciente. Mantén tu mente con la expectación de que, de un momento a otro, surgirán los frutos de tu siembra, reafirma tu fe, creencia y convicción de que así será, porque tú ya has hecho tu parte, y la ley del pensamiento en este caso, está haciendo la suya para darte el resultado. Así como la ley de matemáticas no conoce de error y siempre da el resultado correcto cuando tú la aplicas, de igual forma trabaja la ley de la mente en acción en cada uno de nosotros, cuando la accionamos en forma correcta.

Desde el momento en que has plantado tu jardín con amor, bondad, amabilidad y simpatía, emanas desde el fondo de tu corazón *"eso que no vemos"* porque es invisible a nosotros, sin embargo, es lo que hace visible o hace que sucedan las cosas, pero observa con frecuencia tu jardín y siéntate sobre el Árbol de la Vida, en la frescura y callada comunión con tu Fuente que es el Espíritu, y siempre encontrarás fresca inspiración.

Tu Creador te fortalecerá con una nueva idea, un nuevo pensamiento creativo a través de tu mente. El poder del Espíritu que está en ti es lo suficientemente sabio y conoce cada una de tus "necesidades" y puede solucionarlas.

Por ejemplo: Si estás carente de provisión, Él te proveerá; si estás padeciendo alguna enfermedad, Éste poder te sanará. Si no eres feliz, Él llenará ese vacío con felicidad; no importa la condición que estés experimentando ahora, ésta puede ser cambiada a lo que realmente tú quieras tener. El Dr. Holmes dice: *"LOS VIENTOS DE DIOS NUNCA DEJAN DE SOPLAR, PON LAS VELAS DE TU ESPERANZA, QUE ESTE VIENTO LAS LLENARÁ".*

Así pues, aprende a vivir libremente, sin ataduras, y bebe de la fuente de la Vida. Tú debes saber que la ley que ahora te mantiene en cautiverio, puede darte también la libertad. Al principio, a todos nosotros se nos hace difícil poder creerlo, pero es una realidad. No existen dos poderes en el universo, si así fuese, uno destruiría al otro o ambos se destruirían y esto sería un caos. Sólo existe un Poder y es el BIEN, ¡úsalo! En la medida en que tú pienses de Él, Él se manifestará en tu vida rodeándote y llenándote de felicidad y éxito. Entre más aceptación vayas teniendo de Él, más y más irás disfrutando de la vida, porque todos tus deseos serán llenados aun antes de que tú los pidas pues... *"Antes de que pidas se te dará, antes de que llames se te abrirá, porque el Padre ya sabe de qué tienes necesidad".*

La ley de la vida puede trabajar para ti solamente a través de ti, es decir, a través de los patrones de tu pensamiento, y por esta razón cuando tú aprendas a controlar tus pensamientos, sentimientos y emociones, nada ni nadie podrá causarte daño ni perturbar tu paz. Siempre estarás en perfecto balance y equilibrio mental, y entonces controlarás tu destino a través de tu jardín mental, ¿no te parece esto grandioso?

# TODO PRINCIPIA EN LA MENTE

*E*stamos experimentando en la vida condiciones, situaciones, eventos o efectos que primeramente estuvieron en la mente como pensamientos, luego se manifestaron de acuerdo a nuestras creencias acerca de ellos. Todo esto son actitudes mentales positivas o negativas, ellas son ejecutadas por la ley del subconsciente, la cual no es selectiva. Su función es la de obedecer y crear de acuerdo a nuestra aceptación de lo que para nosotros sea verdadero, aunque fuese falso. Sabiendo esto, analiza muy cuidadosamente esta frase hasta que realmente la hayas comprendido: "Nunca digas alguna cosa que no quieras ver manifestada en tu vida".

Algunas de las actitudes mentales más comunes en la vida del ser humano se escuchan con mucha frecuencia y son estas: "Yo valgo muy poca cosa; yo no sirvo para nada; a mí todo me sale mal; ya estoy muy viejo para eso o para esto; yo nací con mala estrella"; etc. Viven menospreciándose y esa es una actitud negativa acerca de sí mismos, por lo tanto, ellos están experimentando exactamente esas cosas —carencias y limitaciones— en sus vidas, porque la ley no puede darles lo que ellos no aceptan. Ignorar la ley no nos exime del "castigo" o autocastigo, de la libertad o atadura, porque la ley es impersonal, es un principio matemático, inmutable, que trabaja de acuerdo a nuestro pensamiento.

El saber esto, nos alerta para estar más conscientes acerca de cómo estamos pensando y expresando, porque nuestras palabras tienen poder para crear y nuestros pensamientos son creativos por naturaleza.

No importa cómo hayas estado pensando en el pasado, lo importante es que desde este mismo momento tú ya tienes el conocimiento de cómo trabaja este poder que permanece siempre en ti, activo noche y día. Esta ley es moldeable, o sea que tú puedes guiarla para que te dé sólo resultados que te beneficien y beneficien a los demás a través de tu pensamiento correcto y constructivo.

Desde este mismo momento tú tienes que actuar como la persona que realmente quieres ser, olvídate de los errores, lamentos o fracasos del pasado. Decídete ahora a olvidarlos, no importa qué tanto hayas sufrido por ello, piensa que todo tu pasado ya está liquidado, que tú ya has pagado por esos errores o "pecados", puesto que has sufrido y eso significa el pago. Imagina que tú tienes en tu bolsa o cartera un cheque que está "cancelado". ¿Te beneficia el traerlo contigo?, ¡claro que no! Entonces, ¿que haces con él?, desde luego que lo rompes porque ya no tiene ningún valor. Igualmente vas a romper con tu pasado que no haya sido bueno, éste ya no tiene ningún valor en tu vida, o sea que no te beneficia ya el estarlo recordando. Mantén sólo lo bueno que hayas experimentado de él, trae sólo a tu memoria los momentos felices, esas vivencias que disfrutaste gratamente, que se queden guardadas en tu memoria, pero vive siempre en el presente, disfruta cada momento del día, porque esto es lo que estarás guardando y lógicamente recordarás y vivirás sólo lo grato y feliz que has sido.

Recuerda que debes vigilar muy de cerca tu pensamiento y lenguaje, esta práctica es de suma importancia y todos debemos hacerlo. Tienes que estar muy alerta y no menospreciarte en ningún momento, ni menospreciar a los demás. Hay una regla que no debemos violar y es: *"No hagas a otro lo que no quieras para ti, porque todo lo que sale de ti regresa a ti multiplicado"*. Ejemplo: Si tú robas a uno, tres te van a robar a ti; si tú menosprecias a uno, otros te van a menospreciar. ¿Está claro?

Analiza todo esto y, sobre todo, practícalo, y tú mismo te convencerás del resultado. Alábate y alaba a los demás. Cuando una amistad tuya logra triunfar en alguna cosa, tú la felicitas muy cariñosamente y te alegras de su triunfo ¿no es verdad? Pues de esa misma forma tú debes hacerlo contigo mismo cuando triunfes en algo, felicítate, abrázate y di para ti mismo mirándote al espejo: "Te felicito, me siento orgulloso de ti por tu triunfo, sigue adelante, tú siempre serás un triunfador en la vida".

Lamentablemente, hay un gran número de personas que se consideran inferiores a otras, y estas personas ignoran que les están dando su poder a esas otras personas. Una persona que hace esto, generalmente no tiene confianza en sí misma. Para nadie es fácil superar este complejo de inferioridad y adquirir la seguridad en sí mismo de un día para otro, pero podemos lograrlo al saber y aceptar que como Hijos e Hijas de Dios que somos, Él está siempre con nosotros, en nosotros. Entonces confiados en que con Su ayuda todo es posible, nuestro Padre Celestial nos da suficiente fortaleza y confianza, y así podremos superar este complejo que inconscientemente nosotros mismos originamos, y nosotros mismos lo desechamos por el de seguridad y confianza plena en uno mismo.

Tú siempre tienes que pensar sólo en lo que deseas ser, hacer u obtener. Piensa que eres perfecto, inteligente, agradable, comprensivo, educado, joven, fuerte y saludable, confiado y capaz. Al mantener estos pensamientos en tu mente todo el tiempo, como son cualidades inherentes que están dentro de ti, debes de actuar como si todo esto ya se hubiera manifestado, y de esta forma las cosas aparecerán más rápidamente. No debes preocuparte por lo que otros digan o piensen acerca de ti, sería tonto hacerlo, recuerda que lo que debe importarte es vigilar tu pensamiento y lo que estás expresando, olvídate de los demás, ellos no son tu responsabilidad, ellos también están haciendo lo mejor que saben o pueden hacer, y de eso también obtendrán un resultado, al igual que tú.

Cuando un pensamiento negativo venga a tu mente, debes detenerlo inmediatamente y darle instrucciones a tu mente subjetiva con autoridad, en voz alta si es preciso: "En mi mente no hay cabida para ningún pensamiento negativo, yo sólo acepto lo positivo y bueno de la vida". Las personas que tienen pensamientos negativos y no saben cómo rechazarlos, se estarán dando un tratamiento espiritual negativo, y quienes las rodean terminarán pensando lo mismo de ellas, por ejemplo, dicen: "Yo no soy atractivo(a), yo no tengo personalidad, todos me sacan la vuelta, siempre se burlan de mí".

Si tú trabajas para alguna empresa o tienes un patrón, nunca debes decir algo como esto: "Yo no permanezco mucho tiempo en ningún trabajo, todos abusan de mí; a mí siempre me dan trabajo que no me corresponde". Porque entonces estarás atrayendo todo eso que piensas y dices, además muy pronto perderás tu trabajo y en cualquier otro lugar te sucederá lo mismo; debes dejar de hacer eso y pensar sólo en lo que deseas que suceda en tu vida.

Es más provechoso hacer lo siguiente: Diariamente dar gracias a Dios porque tienes un empleo, darle gracias a tu empleador, a tus compañeros de trabajo, a los utensilios que usas para desempeñar tu trabajo. Hacerlo todo con agrado, dando todo lo mejor de ti para que el negocio prospere, como aportar ideas para que todo marche bien y mejor, disfrutar verdaderamente de lo que estás haciendo, y verás que la vida para ti será más feliz, y todo mundo querrá estar contigo, alabando lo que haces, y tus patrones se sentirán orgullosos de tenerte en su negocio y nunca tendrás necesidad de pedir un aumento de salario, porque éste te llegará automáticamente. Esto te dará paz, serenidad y siempre serás una persona con éxito.

La mayoría de las personas viven recordando los errores, fallas o fracasos del pasado; lo que no pudieron realizar, asimismo, lo que les están haciendo los demás, pero no se dan cuenta de que todo esto ha sido el reflejo de sus pensamientos, y mientras mantengan *"vivos"* esos pensamientos en sus mentes, la ley, o sea el poder creativo en ellas, no tiene otra alternativa que seguir reciclando una y otra vez lo mismo, y como son pensamientos negativos, sólo les producirán problemas, enfermedades, desarmonía y un ambiente nada agradable.

Lo mejor es olvidar el pasado y vivir en el presente, en el momento, el cual será el mañana, y como dice muy acertadamente esta frase: *"Hoy construimos el mañana, y el mañana construirá el pasado"*. Esto nos ilustra que si vivimos hoy gozando de la felicidad de este día, nuestro mañana y el futuro vendrán con más felicidad para gozarla aún más. La vida nos da exactamente lo que tomamos de ella, porque la vida nos da lo que pedimos, siempre nos está dando de acuerdo a nuestro pensamiento y aceptación de lo que sabemos cómo ella es.

Hay quienes se quejan y dicen que la vida es muy ingrata, y yo les digo que la vida no puede ser ingrata, porque la vida es Dios en expresión y Él no es ingrato, los ingratos somos nosotros al no reconocerla. Nuestro dador de vida siempre nos está dando en abundancia, lo único que debemos hacer es estar siempre receptivos y agradecidos con Él por la vida misma que nos dio y estamos viviendo, por todas las bendiciones que diariamente recibimos de Él. Lo aceptemos o no, ésta es la verdad. Dios, aunque no lo reconozcamos, siempre continuará dándonos, porque Su naturaleza es dar incondicionalmente, y Su ley de acuerdo a nuestra aceptación nos dará en la medida en que lo creamos y aceptemos.

Si tú dices que mereces muy poco, eso tendrás, no es que Dios te esté negando algo más, es tu propia decisión la que origina que así sea. Dios no te puede dar más de lo que tú no aceptas, así de simple. Tú debes saber que la Ley Divina siempre te está diciendo SÍ a todo lo que digas, todo lo que aceptes como verdadero aunque sea falso, así será.

# LOS HÁBITOS

Todos nosotros estamos sujetos a los hábitos que de una u otra forma hemos establecido en nuestro inconsciente. Hábitos de conducta, de expresión, de pensamiento correcto e incorrecto, etc., simplemente nos dejamos llevar por todos ellos y sólo estamos representando un papel de actor en nuestra vida, porque existen en nosotros patrones de pensamiento que nos impulsan solamente a actuar; ya no tenemos que pensar qué voy a hacer, simplemente reaccionamos. Por esta razón muchas personas dicen: "Yo así soy y no puedo cambiar". Pero están en un error, porque ellas pueden cambiar cuando descubran quiénes son realmente y decidan hacer los cambios necesarios, porque de una u otra forma ellas mismas crearon con anterioridad esos hábitos que les hacen reaccionar y no pensar cómo deben actuar.

Por ejemplo, todos deseamos ser felices, y cuando pensamos en esta forma, inconscientemente estamos afirmando que no lo somos. Con este modo de pensar retardamos nuestra felicidad. La ley del pensamiento necesita que nosotros le demos una orden específica y clara acerca de lo que deseamos, y entonces ella se pondrá en acción para hacerlo realidad. El desear o querer sin la acción no representa nada para esta ley creativa, ella se queda pasiva y no puede hacer nada por nosotros. La clave es: "Yo soy feliz, porque es mi derecho Divino serlo".

Aunque de momento no seamos felices, al afirmar como un hecho que ya lo somos, entonces estaremos dándole a la ley una guía para que ella trabaje sobre nuestro decreto.

Cuando declaramos "Yo Soy o Yo Estoy" estamos usando no sólo un poco de poder, sino todo el poder que Dios nos ha dado para crear aquello que hemos elegido ser o tener. Debes saber que la ley del pensamiento trabaja siempre en el ¡ahora! Ella no sabe de futuro, además no está sujeta al tiempo, siempre está trabajando en el presente, manifestando cosas ya establecidas por nosotros o simplemente haciendo funcionar todo nuestro organismo.

Muchas personas son infelices porque ellas mismas, inconscientemente, han demorado su felicidad. Ellas sólo tienen el deseo de ser felices, no han puesto la acción para lograrlo. Cuando aprendan el arte de vivir feliz y gozar plenamente *"La Alegría de Vivir"* en todo momento, entonces lograrán establecer en su subconsciente el pensamiento habitual de felicidad, y ellas no *desearán* más, sino que vivirán felices ahora y por siempre.

No importan las condiciones o circunstancias que ahora estemos experimentando, todos nosotros tenemos el poder para cambiarlas de acuerdo a lo que queramos que suceda. La alegría nos viene de *adentro,* no la hace el ambiente, las circunstancias o condiciones externas, porque la alegría es un estado mental. Por ello tú debes saber que todo principia *dentro* de ti, en tu propia mente. Te sugerimos afirmar constantemente: *"Yo soy feliz ahora, yo estoy feliz ahora, yo vivo feliz ahora, gracias, Dios".* Repítelo hasta que realmente **sientas** que lo eres, entonces empezarás a disfrutar de la felicidad y ésta será permanente porque tú habrás establecido el hábito de ser feliz.

Es nuestro derecho divino vivir saludables, porque hemos sido creados bajo un patrón Divino de perfección. A los ojos de nuestro Creador, todo lo hecho por Él es perfecto, y dentro de esa creación estamos incluidos todos nosotros, la raza humana, por lo tanto, *"nuestra Divina filiación"* como dijera el gran poeta, es expresar una salud radiante, perfecta y permanente.

Si actualmente no estás expresando salud en tu vida —no sólo salud física sino falta de amor, buenas relaciones, paz, armonía, o financieramente, estas carencias también equivalen a estar enfermos— y si le estás pidiendo a Dios que te dé estas cosas, permíteme decirte con todo el respeto que me mereces, que estás orando erróneamente y tal vez por esta razón no recibes la respuesta deseada, por el contrario se acentúa aún más tu situación o condición.

No es que Dios no te escuche o no quiera atender a tus ruegos, y tal vez hasta has llegado a pensar: ¿Por qué otros tienen salud y yo no? ¿Por qué Juan que es ateo vive saludable, y yo que oro y oro, no obtengo respuesta? Tú debes saber que para Dios no hay favoritos. Lo que sucede es que Juan acepta que es saludable y que nada le falta ni afecta, y como la Ley Mental es impersonal, él obtiene de acuerdo a su creencia y aceptación —aun siendo ateo, porque la Ley sólo obedece y crea lo que él acepta, Ella no juzga, ni razona. ¿Recuerdas la declaración del maestro Jesús?: *"Te será dado de acuerdo a tu creencia"*. Ten mucho cuidado al orar. Nunca ores para desechar condiciones, equivale a aceptarlas; elévate sobre ellas y da gracias a Dios por lo que tú tienes ahora —aun sin tener la salud, da gracias por ella y olvídate de la enfermedad, enfoca tu atención en alguna actividad que desvíe tu mente acerca de la condición; es el secreto de la fe aplicada correctamente; *"de acuerdo a tu fe, así sea en ti"* es otra gran verdad.

Continúa cambiando los hábitos que no desees tener más en tu vida. Haz el firme propósito al levantarte cada mañana, de pensar: *"Este día que hoy principia, está bendecido por Dios y todo lo que yo haga el día de hoy, todo lo que piense y decida hacer, en todo momento seré guiado e inspirado por mi Creador y nunca más cometeré errores".* Comienza el día sintiéndote seguro de ti mismo, alegre, feliz, sabiendo que la Presencia Divina está contigo, va contigo guiándote, inspirándote, alumbrando tu camino y protegiéndote con Su amor. Así, desde ese mismo momento sentirás *"La Alegría de Vivir"* y serás rodeado de todo lo bueno.

No importa que antes no hayas logrado nada, no importan los fracasos o frustraciones del pasado, eso ya quedó atrás y pertenecen al pasado. Afirma: *"El pasado ya no me perturba más, yo vivo en el presente y soy feliz ahora. Gracias, Dios, por la felicidad que tengo ahora".* Esta es otra fórmula, otra manera de cambiar tus hábitos y realizar aquí y ahora lo que realmente quieres tener o ser. Tú no naciste con hábitos, tú los has hecho, aceptado, y por eso así has venido *"actuando"* en la vida, pero ahora lo sabes y de ti depende el hacer los cambios. Tú estás a cargo de tu vida, de tus nuevos hábitos, los cuales traerán nuevas actitudes en tu vida. Ahora tú puedes hacer de la felicidad un hábito. Así Es.

# CÓMO DISOLVER REACCIONES NEGATIVAS

Nosotros podemos cambiar y controlar nuestras relaciones negativas. El poder del pensamiento es el poder del dominio. Se nos ha dicho que nuestro destino cambia con nuestro pensamiento y que seremos lo que deseamos ser, que haremos lo que deseamos hacer, y esto sucederá cuando nuestro pensamiento habitual corresponda con nuestro deseo.

La verdadera felicidad no depende de condiciones, no depende de personas ni de cosas, depende de nuestra actitud mental. La felicidad permanente depende del desarrollo de nuestro habitual pensar, es decir, mantener nuestro pensamiento alegre, con entusiasmo y feliz. Esta es una verdad que no puede ser desmentida por nadie, porque nuestra naturaleza es ser alegres, expresar amor, ver sólo belleza en todo y permanecer siempre en completa paz y armonía con todo lo que nos rodea. Todo esto proviene de *adentro,* de nuestra innata naturaleza que es espiritual, y no del mundo externo, ya que lo externo es el reflejo de lo interno.

Hay personas que creen que la felicidad depende de circunstancias o personas, y dicen: "Yo seré feliz cuando mis hijos sean grandes, cuando vayan a la escuela, a la universidad, cuando se gradúen o cuando se casen".

Quienes piensan de esta manera, inconscientemente están posponiendo la felicidad, porque resulta que no es como piensan, porque cada vez resulta más difícil ser feliz cuando están esperanzadas a que las cosas o condiciones externas cambien. Igualmente sucede a aquellas que dicen: "Yo seré feliz cuando viva en una casa nueva, cuando tenga un automóvil, cuando mi jefe cambie, cuando los demás cambien", etc., y se pasan esperando que todo cambie para lograr la ansiada felicidad, pero como hemos dicho, mientras no cambien su mundo interno de pensamientos, lo externo no cambiará.

No pospongas por más tiempo la felicidad, acepta la verdad de que la felicidad está a la mano y que ella depende de ti, de tu mundo de pensamientos, y tú estás al control de ellos; en otras palabras, no tienes que esperar a que los demás cambien o que las circunstancias o condiciones cambien para que disfrutes de la felicidad, porque todo eso es un cambio continuo, constante y nunca es permanente. Entonces, cuando cambies tu manera de pensar, lograrás tu propósito. Por esta razón te decimos que todo depende de ti mismo, no de personas o circunstancias.

En la mayoría de las veces las personas cambian y las situaciones desaparecen, en cambio si tú continúas con tu actitud mental negativa, por esta razón no percibes los cambios, porque sigues manteniendo gente y condiciones a tu alrededor, y esto sucede de acuerdo a esta actitud mental que permanece en ti. Tú debes saber que *lo semejante atrae lo semejante*, y es precisamente lo que sucede con nosotros cuando no queremos hacer cambios, esperamos que los demás cambien y ahí está el error, el cambio debe ser en nosotros.

Tú tienes que eliminar tus reacciones negativas, sobre todo debes dejar de pensar y ver el llamado "mal" y aprender a ver el Bien, lo bueno. Comienza ahora mismo afirmando: *"Yo ahora disfruto de la vida, yo tengo una excelente salud, una bella familia, tengo a quien querer y quien me quiera, por lo tanto yo soy feliz ¡ahora!"*. Aunque de momento no tengas todo esto, muy pronto lo experimentarás, porque a través de esta afirmación estarás llenando tu equivalente mental o molde mental, y entonces vendrá el resultado. Ten fe, creencia y convicción y habrás llenado el requisito que el Místico Jesús dijera: **"Te será dado en la medida que tú creas"**, pruébalo, te aseguramos que es más provechoso que estarse lamentando de las condiciones y personas desagradables.

Todos nosotros podemos aprender a trascender cualquier condición, a dominar nuestros estados de ánimo y nuestras reacciones negativas. Decide cambiar en tu manera de pensar, piensa sólo en lo que quieres experimentar en tu vida; ve sólo lo positivo y lo bueno que hay y existe, niega la apariencia, lo malo, no te dejes envolver por la negatividad de otros, no te dejes sugestionar por ellos. Si ellos quieren estar en esas actitudes negativas, no tienes que insistir para que cambien, porque ellos cambiarán cuando te vean que ahora estás disfrutando sólo de lo bueno, entonces te preguntarán: ¿Cómo le haces? Dame la receta.

La vida que estamos viviendo no es nuestra vida, es la Vida de Dios individualizada como tú, como yo. Por tal motivo, si quieres dejar de preocuparte por lo que puedas necesitar para vivir rodeado de todo lo bueno, afirma: *"Dios en mí es mi provisión, fortaleza, sabiduría, amor, paz, creatividad, riqueza, éxito y paz mental"*. Te asom-

brarás del resultado. Acepta esta verdad y afírmalo una
y otra vez, hasta que *sientas* lo que estás diciendo, entonces empezarás una nueva vida rodeado de felicidad, tus
reacciones negativas anteriores no volverán más porque
automáticamente desaparecerán al cambiar tu manera de
pensar.

Nuestra filosofía es: "Vive tu vida feliz y deja vivir a los
demás". Que no te perturbe lo que digan, piensen o hagan
otros, eso está fuera de tu control y en nada te beneficia
el poner tu atención. En cambio sí te beneficia vigilar tus
pensamientos y palabras, porque de ellos tú tendrás un
resultado. Deja que Dios en ti te inspire, guíe y fortalezca,
permítele expresarse a través de ti y entonces tú vivirás sin
preocupaciones, porque siempre estarás pensando correcta
y constructivamente, y lógicamente vivirás por siempre
alegre y feliz, disfrutando verdadera y agradablemente de
*"La Alegría de Vivir"*.

# ¿QUÉ ES LA FE?

La fe es una actitud mental, es la evidencia de las cosas que aún no vemos. ¿Acaso has visto alguna vez al Poder Perfecto que hay en ti y lo que Él puede hacer para ti? Sin embargo Él está ahí todo el tiempo actuando a través de ti, haciendo visible todo lo que consciente o inconscientemente hayas aceptado. Este Poder interno nadie lo ha visto jamás, pero muchos lo hemos sentido y usado en nuestro propio beneficio y para los demás. Todos los místicos y los sabios de todas las eras dan testimonio de este Poder. Ellos lo han usado para su bienestar y el de la humanidad. Lo más interesante es que tú no tienes que buscarlo ni pedirlo a nadie, porque ya está dentro de ti. Sólo requiere que lo reconozcas, lo aceptes y lo uses para que lo puedas comprobar.

¿Sabías que tu vida está gobernada por este Poder? Tú tienes el derecho y la habilidad para usarlo, sólo es necesario que tengas fe, creencia y convicción; entonces vendrá la manifestación de cualquier deseo, propósito o anhelo. La fe es el Don Divino en el hombre. Cuando tú reconoces y pones tu fe en este Poder, entonces habrás establecido un vínculo eterno entre Dios y tú. Sabrás entonces que con Él todo es posible.

¿Estás viviendo tu vida sin darte cuenta de que existe este Poder en ti? Si así fuera, significa que tu fe es como

una hoguera que se está extinguiendo. Si piensas que
todas las cosas buenas se alejan de ti, si piensas que nada
te sale bien, si te encuentras deprimido o sin trabajo, eso
indica que tú necesitas avivar tu fe en Dios —quien es el
Poder que está en ti, expresándose a través de ti.

Cuando sólo vemos la vida a través de la fe, nos damos
cuenta que todo es posible, como lo dijera a sus discípulos
el Maestro Jesús: *"De acuerdo a tu fe, así sea en ti"*. Y te
decimos que todo aquél que cree en este Poder estará
siempre fortaleciendo su fe y nada le será imposible
lograr, porque con este Poder, todo, absolutamente todo
es posible.

Cuando avivamos nuestra fe, es como una fuerza sana-
dora dentro de nosotros, que nos libera de enfermedades
e infortunios; es la fuerza restauradora dentro de nuestro
cuerpo que renueva y reconstruye nuestro físico y nos
da esa sensación de juventud y vitalidad. Aviva las ener-
gías de nuestro ser y nos volvemos más entusiastas por
la vida.

La fe nos hace conocer el poder escondido en nosotros. Es cuando nos unimos con el Bien Eterno, nos da el
valor para continuar y vencer todos los obstáculos que se
nos presenten en la vida. Despierta al ser espiritual en
nuestra mente, vemos a la luz de ella que no hay situaciones
imposibles, sabiendo que hay un camino siempre para salir
adelante en la Luz de Dios. La fe ilumina el camino, se
atreve a ir más allá de lo que no vemos.

Las curaciones se realizan a través de la fe. La curación
se lleva a cabo por el reconocimiento de la divinidad en el
hombre. Cuando quieras ayudar a alguien, no pienses en

su debilidad física, sino que debes pensar en su fortaleza espiritual como hijo e hija de Dios que es. Tú ya sabes que el hombre fue creado a imagen y semejanza de su Creador; así pues, piensa de ti mismo como esa imagen de perfección que tienes en la Mente-Dios.

Esto tal vez pueda ser algo nuevo para ti y te cueste trabajo aceptarlo, pero trabaja en esta aceptación, apela a tu fe y ella te revelará la Verdad, esa Verdad que proclamara Jesús: *"...La Verdad os hará libres"*. Sí, libres de toda falsa creencia o sugestión, de toda enfermedad, carencia y limitación.

La forma de realizar que tú eres un Hijo de Dios, no es continuar en el error, "sin fe", sino aceptar tu derecho de nacimiento como Su hijo que eres, actuar de acuerdo a lo que realmente eres; Una encarnación del Espíritu expresándose individualmente como tú. Al avivar tu fe te encontrarás de pronto haciendo mayores progresos en todo lo que haces y mejorarás en todos los aspectos de tu vida.

Todo en el progreso de la raza humana ha comenzado con una pequeña cantidad de fe. Recordarás que Jesús nos habló de grandes cantidades de fe que deberíamos de cultivar y también habló de la diminuta semilla de mostaza, la cual tiene todo el poder necesario para producir un árbol. Así pues, si tenemos tan siquiera una poca de fe, eso bastará por el momento para realizar cualquier cosa.

Cuando tú cultives una mayor fe en Dios-en-ti, que es el Único Poder y la Única Presencia en el Universo —éste Poder que está en ti mismo, está siempre disponible para ti en todo momento—, hará realidad cualquier deseo tuyo, porque este es el Poder que crea todo aquello que aún no vemos. Sólo debes confiar en Él, tener fe, creencia y convicción y entonces así será. Al ir realizando tus deseos, incrementarás tu fe en este Poder, aumentará la confianza en ti mismo y llegarás a la realización de la declaración de Jesús cuando dijo: *"Tened fe en Dios. En verdad os digo que el que diga a este monte 'Quítate de ahí y arrójate al mar', no dudando en su corazón, sino creyendo que se hará lo que dice, lo alcanzará"* (Marcos 11:22-23).

# LA VENTANA DEL ALMA ES EL ROSTRO

Cuando una persona se siente triste, esa tristeza se refleja en su rostro y así es como nosotros podemos darnos cuenta o saber cómo se encuentra su alma. Cuando observamos a las personas, podemos *"ver"* a través de su rostro cuál es su estado mental, sabremos que su mente y corazón están contentos porque sonríen a los que les rodean; ellas están contentas y disfrutan compartiendo sus experiencias, y asimismo podemos darnos cuenta de que su mente está alegre. Si por el contrario las vemos con un rostro sombrío, sin deseos de conversar con nadie, inmediatamente podremos decir que su corazón está triste. Cuando vemos llorar a alguien, pensamos lo mismo, o si alguien está irritado o bien molesto, sabemos que su estado mental está en conflicto.

Cultivemos siempre el buen hábito de tener una mente alegre para que nuestro rostro siempre luzca alegre y jovial, porque un rostro bello, pero sin expresión de felicidad, nos dará la impresión de que estamos viendo un maniquí, que como no tiene sentimientos siempre está expresando un rostro "frío". Nosotros sabemos que en algunas ocasiones nos expresamos de esta manera, pero por nuestro propio bienestar, vamos a adoptar siempre una expresión de alegría, hasta hacerlo un hábito. Entonces habremos permitido que toda la gente pueda *"ver"* a través de nuestro rostro lo que nuestra verdadera naturaleza es: "¡Una Alma Alegre!".

Algunas personas parecen ser muy dulces con nosotros y nos abrazan y nos besan, pero sentimos ese *"frío"* de su mente reflejado en su rostro, que es como una mueca que se congeló en su cara.

En cambio, hay otras de las que inmediatamente nosotros percibimos y sentimos su *"candor"*, su amor, su sinceridad, aunque no sean muy expresivas. Vemos sus rostros que se iluminan con la alegría que expresan. Esto nos hace suponer que nuestra mente siempre sabia —como parte de la Mente Universal que es— puede *"ver"* a través de nuestros ojos, que son la ventana de nuestra alma, lo que está reflejando un rostro.

Todos nosotros deseamos tener un rostro que irradie amor, serenidad, felicidad y paz. Y todas estas cosas las llevamos implantadas dentro de nosotros, lo que necesitamos es permitirles que se expresen a través de nosotros. Sólo abramos las puertas de nuestro corazón, de nuestra alma, para que ellas expresen la belleza e iluminen nuestro rostro y al mismo tiempo esta luz se expanda a nuestro alrededor y ella disipe las tinieblas de nuestro rostro y entorno, dejando que brille en todo su esplendor la radiante alegría y felicidad.

Si deseas tener un rostro que refleje alegría y felicidad, puedes lograrlo cultivando una mente alegre. Alaba y bendice tu ser, acepta que tú eres una radiante expresión de la alegría y amor de Dios en ti. Con mucho entusiasmo, creencia y fe, afirma:

"YO SOY ALEGRE POR NATURALEZA,
Y LA FELICIDAD EN MÍ ES
UN ESTADO NATURAL.
EN MI ALMA SÓLO HAY BELLEZA,
ARMONÍA Y PAZ.
TODO ESTO SE REFLEJA EN MI ROSTRO
Y CUERPO, MANTENIÉNDOME
SIEMPRE JOVEN, FUERTE,
SALUDABLE, ALEGRE Y FELIZ".

# LA LEY
# Y LA VISUALIZACIÓN

Una de las cosas más importantes en el estudio de la Verdad es el entrenar a nuestros ojos para ver sólo lo bueno, lo que es correcto y negar las apariencias. Desde nuestra infancia nosotros hemos venido usando nuestros ojos en un aspecto de percepción progresiva, y nos han enseñado que la vida es lo que percibimos de ella. En otras palabras, que la vida se vive de afuera hacia adentro. No obstante, es todo lo contrario, porque lo de afuera es el reflejo de lo de adentro o *"como es por adentro es por afuera"*; los que pensamos eso, reflejamos en el exterior de acuerdo a la ley de causa y efecto.

Nosotros sólo reaccionamos a las personas y cosas externas con actitudes de sentimiento hacia ellas, sin preguntarnos: ¿Por qué está ocurriendo eso? Simplemente y sin analizarlo reaccionamos, y lo que vemos es lo que creemos que es. Esto generalmente nos lleva a hacer comentarios muy poco sabios, como por ejemplo: ¿Qué vas a hacer ahora? O tal vez tú digas: "Las cosas son así, a mí siempre me toca la peor parte". Esto parece ser algo que está fuera de nuestro control en el mundo que nos rodea.

Las cosas parecen caer o pasar ante la retina de nuestros ojos, como si fuera una cámara fotográfica que no tiene control de las cosas externas, sólo está tomando fotografías

—instantáneas— cada momento o segundo en nuestra vida. Pero nosotros no vemos las cosas como ellas son, sino como las hemos percibido. Tu percepción de las cosas tiene que ver con tus experiencias previas, es decir, de acuerdo a tu estado de conciencia —conciencia es pensamiento.

Cuando en tu vida hay desarmonía, todo anda fuera de orden y nada marcha bien. Generalmente principia en tu hogar donde todo mundo está en desacuerdo y todo lo ven mal. En la oficina todo mundo llega tarde y no cumplen con sus obligaciones, es un caos. Con tus asociados las relaciones no funcionan como debieran y tu cuenta bancaria no anda muy bien que digamos, hay más deberes que haberes; o bien a tu negocio no llegan clientes, consecuentemente, estás a punto de cerrar. Lógico que tú deseas hacer algo para salir adelante de todo esto. Aquí es donde nosotros empleamos la visualización a través de la cual solucionaremos todos nuestros "problemas" —pondremos en acción a la ley o poder creativo en nosotros, el cual de acuerdo con nuestro deseo lo hará visible, concreto.

Al tener una comprensión de la ley o poder creativo en nosotros —cómo trabaja este poder—, nos damos cuenta de que lo más importante en este momento es: Cambiar la forma de cómo estamos viendo las cosas, es decir, negar las apariencias y aceptar sólo lo que queremos que suceda. El cambiarlas significa afirmar lo opuesto y sentir como una realidad o hecho real que esto que estamos afirmando es nuestra verdad. No importa si al principio no vemos resultados, esto no debe desanimarnos, por el contrario, debemos continuar afirmando y visualizando lo que queremos que suceda. Tanto estamos haciendo este trabajo mental que llega el momento en que vemos y *sentimos* que las cosas y condiciones empiezan a cambiar, y esto significa que hemos triunfado, gradualmente todo irá mejorando hasta lograr el cambio completo.

Existen muchos y diferentes métodos y técnicas para accionar la ley, y todos ellos dan un resultado perfecto, matemático, infalible. Tú puedes confirmarlo usando los siguientes términos:

| IDEA | ACCIÓN | EXPRESIÓN |
|---|---|---|
| Pensamiento + | **Sentimiento** | = DEMOSTRACIÓN |
| Quiero, Puedo + | **Lo Hago** | = TENGO |
| Agradecer + | **Esperar** | = OBTENER |
| Deseo + | **Acción** | = ÉXITO |
| Alabanza + | **Gratitud** | = BIENESTAR |
| Fe, creencia + | **Convicción** | = REALIZACIÓN |

Cuando nos preocupamos, estamos sentando las bases para atraer las condiciones que estamos pensando, porque las estamos visualizando. Esto es lo que Job dijo: *"Porque lo que temo, eso viene y lo que me asusta me sucede"* (Job 3:25). Que no te pase lo que a Job, él dentro de su miedo, temor o ansiedad, estaba visualizando lo que le sucedería. En otras palabras, él estaba creando dentro de su mente todo lo que temía, recuerda que el poder creativo en nosotros o la ley del pensamiento, sólo obedece y crea aquello en lo cual estamos poniendo nuestra atención.

Cuando el Maestro Jesús nos dice: *"No juzguéis por apariencias sino con justo juicio"*, él nos está diciendo que no viéramos las cosas de la forma que parecen ser, sino visualizarlas como lo que *pueden ser.* Por ejemplo, a nuestros familiares vamos a amarlos y aceptarlos no *como ellos son,* sino por lo que *realmente ellos son,* iguales que nosotros, Hijos de Dios, perfectos, maravillosos, con cualidades y virtudes.

¿Acaso no se nos ha dicho que somos creaciones Divinas? ¿Hechos a imagen y semejanza de nuestro Creador? Por consiguiente, tenemos todo lo que Dios tiene, somos lo que Él *es* —Espíritu—, y si no hemos experimentado nada de esto es por la simple razón de que no lo hemos reconocido. Todos nosotros tenemos Vida, Amor, Paz, Poder, Inteligencia, Sabiduría, Alegría, etc. Como Dios es Espíritu, nosotros también somos espíritu. Jesús vino a demostrarnos con hechos todo esto porque él lo experimentó en su persona y nos dijo que las cosas que él hacía nosotros también podíamos hacerlas, y nada nos sería imposible lograr si nos aferramos a este Poder que está en nosotros.

Tú no eres alguien que no piensa porque sólo reaccionas a las personas o condiciones, tú eres un ser pensante, por lo tanto, eres creativo porque estás unido al fluir Divino, y eres co-creador con el Único Poder —Dios. Tú eres uno con la Fuente única de donde provienen todas las ideas creativas a través de las cuales nosotros tenemos el éxito asegurado. Tú debes tener una idea bien clara y definida de lo que es la visualización, porque recuerda que a través de ella tú accionas al poder creativo en ti para la realización de tus deseos.

Existen programas y técnicas de cómo visualizar, y todos son buenos, todos funcionan de acuerdo a nuestras creencias. Por ejemplo, hay uno que llamamos "El Mapa del Tesoro", es un método que requiere el recortar de revistas o periódicos objetos como un abrigo, una casa, un carro, un trabajo y hasta dinero. Esto se coloca en una lámina o papel cartoncillo —como un póster. Debajo de cada deseo se hace una oración con tus propias palabras, dando gracias porque ya fue realizado. Por ejemplo: "Gracias Padre por este maravilloso automóvil que ya me has dado". Esta técnica se hace con el propósito de ver físicamente las cosas que deseamos manifestar, y al hacer esto constantemente, estamos impresionando —autosugestionando— a nuestra mente subconsciente —el poder creativo en nosotros—. Una vez que hayamos *aceptado* conscientemente el deseo, este poder en nosotros comienza a actuar sobre dicho deseo y lo hace manifiesto.

Cuando hablamos de visualización, nos estamos refiriendo a *"ver"* con nuestra vista espiritual, es decir, traer a nuestra mente —que se compara a una pantalla— aquello que deseamos experimentar en nuestra vida, *"verlo"* tangible, concreto, como si ya lo tuviéramos en nuestras manos, y hasta poder *"tocarlo, palparlo y disfrutarlo"*. Esto es lo que requiere el poder creativo, que *"sintamos"* que ya está realizado, no que va a realizarse, sino como un hecho.

En esta forma estamos llenando el "molde" de nuestro deseo con la sustancia o energía de lo que están formadas todas las cosas, esto es algo que no podemos ver físicamente, porque esta energía o sustancia es amorfa y siempre está a nuestro alrededor, lista para tomar forma de acuerdo a nuestro pensamiento, fe, creencia y convicción.

Si deseamos tener abundancia, primeramente debemos crear una conciencia de abundancia —visualizarnos que en nuestra vida hay abundancia de todo—, y la forma de hacerlo es ver en todo la abundancia. De una u otra forma siempre estamos usando el poder, ya sea para vivir en la abundancia o tener escasez.

Por ejemplo, una persona que tiene una conciencia de pobreza, seguramente no piensa en la riqueza sino en la pobreza, y por esta razón ella está creando ser aún más pobre. Una persona con una conciencia de riqueza, indudablemente no tiene tiempo para pensar en pobreza, desde luego que no, sólo está pensando en incrementar su riqueza y lógicamente eso es lo que tiene: más riqueza.

Hay una declaración que dice: *"Aquel que tiene se le dará más, y el que no tiene, aun lo poco que pueda tener lo perderá"*. Esto hasta parece ser absurdo, pero es la ley de causa y efecto la que está obrando a través de la forma de pensar de cada cual.

Es normal que tú puedas tener dificultad para aceptar intelectualmente la riqueza, si es que tienes una conciencia de limitaciones, y también es casi imposible para ti poder creer en la posibilidad de disfrutar de abundancia si nunca la has tenido. Por esta razón nosotros te decimos que si tú quieres tener riqueza y abundancia, primeramente tienes que construir una conciencia de riqueza y abundancia, pero ¿cómo lograrlo? Vamos a compartir contigo este método experimentado por nosotros con resultados fantásticos:

Cierto día mi esposa y yo decidimos meditar para pedirle a Dios que nos diera una guía para incrementar nuestra conciencia de abundancia, y poder compartir con otros esta abundancia y riqueza que por derecho divino todos debemos disfrutar. En esta meditación nos fue revelado lo siguiente:

Cuando vayas caminando o manejando en tu automóvil, en lugar de ver que hay demasiado tráfico y aglomeración, mira la abundancia que te rodea, ¿cuántos automóviles alcanzas a ver y contar? ¿Cuántas personas están en ellos y a tu alrededor? ¿Cuántas llantas, puertas, accesorios puedes ver?

Piensa y afirma: "Estoy rodeado de abundancia, no hay escasez en mi vida, sólo veo y disfruto de la abundancia". Igualmente si observas por donde caminas y ves varios árboles, ¿cuántas hojas tienen? ¿Cuántas ramas son?, difícil de contarlas, ¿no es verdad? Entonces tú dices: "No hay escasez, sólo veo abundancia".

Si tú cruzas por un puente peatonal, te has puesto a contar ¿cuántos escalones tiene? ¿Cuánto material usaron para construirlo? ¿Cuántas personas lo cruzan diariamente? No es fácil saberlo pero sí, tú puedes ver que no hay escasez sino abundancia. ¿Quieres asistir a un concierto o evento? Si no tienes abono o compras con anticipación tu boleto no podrás asistir a él, entonces ¿dónde está la escasez o "crisis"? No la hay, sólo hay abundancia.

Cuando terminamos de meditar, salimos al jardín e inmediatamente vino a nuestra mente lo que en la meditación habíamos experimentado. Vimos los árboles, algunos de ellos con fruta; las plantas, algunas de ellas con muchas flores de todos colores y aromas; los juegos de jardín con muchas figuras. Vimos hacia el cielo, había grandes y pequeñas nubes, pájaros cruzando el cielo y parándose y cantando en los árboles. Empezamos a ver la abundancia que había a nuestro alrededor.

Enseguida fuimos a nuestro comedor y había un mantel puesto en la mesa con muchas figuras, esto también significaba abundancia. Al entrar a la cocina observamos la enorme cantidad de cosas que tenemos en ella, cosas que usamos a diario y otras no, era otra muestra de que por doquier hay "abundancia". Lógicamente que todo esto siempre había estado ahí, pero nuestra percepción de ello no había sucedido hasta entonces.

A partir de entonces, nosotros empezamos a crear y vivir en una real conciencia de abundancia, y automáticamente la escasez que había en nuestra mente fue desapareciendo poco a poco, porque ya no le dimos cabida, sólo disfrutamos de la abundancia, abundancia y más abundancia en todas las áreas de nuestra vida.

Desde este mismo momento tú puedes empezar a construir una conciencia de abundancia. Rehusa de ahora en adelante pensar en escasez o limitaciones, sólo acepta la abundancia aunque de momento no la tengas.

Si de momento careces de algo, nunca digas "no tengo, no hay", en lugar de eso afirma: "De momento no tengo pero en el siguiente instante yo tendré eso y más". Cuando tú llenes tu pensamiento —equivalente mental— de abundancia, la ley de la mente simplemente te estará dando de todo en abundancia —porque habrás establecido en tu subconsciente el patrón de abundancia y entonces ya no habrá necesidad de pensar en ella, simplemente tú estarás disfrutando de la misma— y vivirás por siempre rodeado de abundancia —abundante salud, prosperidad, riqueza, éxito, armonía, compañía ideal y paz mental.

Tal vez esto te parezca algo imposible de lograr o bien milagroso, pero nada de esto es, sencillamente tú habrás accionado a la ley mental en ti para que trabaje a tu favor y no en contra como antes. Tú estarás dirigiendo en forma específica y correcta a este poder para fines que te beneficien a ti y a los demás. Todos tenemos el mismo derecho divino de disfrutar de la abundancia, y todo aquél que lo reclama lo obtiene.

El Universo no tiene favoritos, y esta ley mental a todos nos responde por igual. Que no te parezca "mucho" o "demasiado" para ti, recuerda siempre que tú mereces todo lo mejor. Como hijo e hija de Dios que eres, has heredado las riquezas de tu Creador, Él no te limita en absoluto, eres tú con tu pensar quien origina la escasez, por lo tanto, ten mucho cuidado de ahora en adelante; sólo piensa en lo que deseas tener y vivir.

Para autoayuda afirma de la siguiente manera:

*"HOY YO ACEPTO TODO LO BUENO QUE DIOS MI PADRE CELESTIAL TIENE PARA MÍ. YO ABRO Y ENFOCO MI MENTE HACIA MI NATURALEZA DIVINA. TODOS LOS BLOQUEOS MENTALES SON AHORA TRANSMUTADOS PARA QUE FLUYA HACIA MÍ LA ABUNDANCIA, ABUNDANCIA Y MÁS ABUNDANCIA. DIOS ES MI FUENTE INFINITA DE PROVISIÓN Y NADA ME FALTA. GRACIAS, DIOS, POR LA ABUNDANCIA QUE YA NOS HAS DADO PARA DISFRUTARLA TODOS Y VIVIR CON ALEGRÍA COMO SON TUS DESEOS; CONSCIENTEMENTE YO LO ACEPTO CON GRATITUD SABIENDO QUE ASÍ ES".*

¡Atrévete a creer!, no te cuesta ningún sacrificio o esfuerzo. Sólo tú puedes hacerlo, hazlo hoy mismo, prueba la ley de la mente en acción a través de tu pensamiento y empieza a disfrutar la vida plenamente. Deja atrás los sufrimientos y disfruta plenamente *"La Alegría de Vivir"*.

# LAS CONDICIONES
# SON EFECTOS
# DE UNA CAUSA

**T**odos nosotros debemos aprender cómo funciona nuestra mente y así ayudarnos a comprender la relación que existe entre lo individual con lo Universal, asimismo, para saber cómo hacer uso consciente, lógico y correcto del poder universal para lograr manifestar nuestros deseos, porque lo aceptemos o no, lo entendamos o no, todas las condiciones, situaciones, circunstancias o experiencias que hemos estado viviendo, están relacionadas con una *Causa* que es invisible —la Mente Creativa. Ninguna condición —efecto— en la que tú hayas estado, ya sea negativa o positiva, pudo haberse hecho por sí misma; fue una causa mental la que la produjo.

Siempre hay una *Causa* detrás de todo *Efecto*. La maldad o a lo que llamamos mal, no tiene existencia propia —ni existe ninguna ley universal que lo sostenga—, es sólo el uso incorrecto del poder creativo —el poder del Bien usado en forma negativa— que a través de nuestra aceptación y creencia en él es como este se expresa en nuestras vidas. Las personas que usan este poder en forma negativa, no pueden usarlo por mucho tiempo en esta forma, ya que este mismo poder las destruye a ellas mismas, porque su manera de actuar es como el bumerán, o sea, "lo que sale de ti, regresa a ti". Es la ley inexorable de Causa y Efecto.

La misma ley mental que nos libera es la misma que nos puede atar, y como todas las condiciones tienen una secuencia de Causa y Efecto, tan pronto como cualquier condición es proyectada, produce otras condiciones alrededor de ella, esta segunda causa, por lo tanto, es también una proyección, pero nunca pensamos en ello, así empezamos a vivir en esa secuencia de condiciones negativas y comenzamos a creer en ellas como si fueran existencias reales, y sin darnos cuenta las vamos perpetuando.

La forma en que podemos deshacernos de estas condiciones o escapar de ellas es a través de verlas como un Efecto e ir a la Causa que las originó y arrancar —o quitar— esa Causa de nuestra mente, sustituyéndola con un pensamiento positivo o contrario a su apariencia, así obtendremos las condiciones opuestas a las que hayamos estado viviendo o experimentando.

Consciente o inconscientemente nosotros siempre estamos usando la Primera Causa, porque siempre estamos pensando y lógicamente estamos imprimiendo en nuestra subconsciencia las ideas o pensamientos que producen cosas. Si tú encuentras que tu vida actual no es tan buena como quisieras que fuera, tienes en tus manos el borrador y el gis para borrar del pizarrón de tu vida —tu mente subconsciente— lo que no desees ser o tener, y escribir en él sólo aquello que verdaderamente te beneficie. Esto sólo tú puedes hacerlo, porque nadie más puede pensar por ti, y porque sólo tú sabes lo que quieres. Todas las ideas que provienen a través de nuestra intuición, se deben poner a trabajar, porque en sí vienen provistas de todo lo necesario para su realización.

La ley de la mente en acción siempre está trabajando en el presente, ella no está sujeta al tiempo, y por esta razón tú debes estar consciente de Ella y pensar siempre en el ¡ahora! Olvídate del pasado y no te preocupes por el futuro, vive el hoy que será tu mañana y a la vez tu pasado. Vigila tu pensamiento y no permitas que vengan a tu mente pensamientos de ansiedad, temor, envidia o duda, porque todos estos retardarán la manifestación de tus deseos y además te mantendrán física y mentalmente desequilibrado.

Recuerda que todo lo que estamos experimentando hoy, es la proyección de nuestros pensamientos anteriores. Si aceptamos estos efectos como realidades, los estaremos perpetuando y, consecuentemente, continuarán afectándonos ya sea físicamente o estaremos experimentando condiciones y ambientes nada buenos. ¿Qué debemos hacer?

1. Diariamente tenemos que orar para encontrar la causa que está creando cualquier situación no deseada y cambiar ese patrón de pensamiento por uno deseado.

2. Dar la espalda —negar rotundamente— a las apariencias, sabiendo que estamos tratando con un Poder que no tiene límite y que está siempre disponible para nosotros, porque está en nosotros mismos y responde de acuerdo a nuestra fe, creencia y aceptación de Él.

3. En esta forma estaremos usando correctamente la Ley de Causa y Efecto siempre a nuestro favor, haciendo realidad aquello que conscientemente hayamos aceptado como verdadero, real y perecedero.

No habrá más experiencias amargas en tu vida si aplicas estos métodos. Recuerda siempre esto, Dios hace por ti lo que Él hace a través de ti, porque tú eres un canal por el cual Él se expresa. Dale la oportunidad a Dios de hacer Su voluntad y no la tuya, mantén tu mente abierta y receptiva a Sus ideas y deja que Su Ley te saque de la oscuridad a la luz; te libere de las ataduras —enfermedades, carencias y limitaciones del pasado—; serás una persona de éxito y todo florecerá en tu vida. Estarás usando correctamente la misma Ley, la cual actúa como Causa y Efecto, pero esta vez dándote sólo resultados deseados.

# DEBES CONOCERTE
# A TI MISMO

Hay un antiguo proverbio Griego que dice: *"Hombre, conócete a ti mismo"*. Nos está diciendo la importancia que tiene conocernos a nosotros mismos, antes de querer o tratar de conocer a los demás, así es que primeramente debemos saber quiénes somos realmente.

La mayoría de nosotros hemos escuchado que fuimos creados por Dios, que somos Su imagen y semejanza, igualmente que nuestro Creador está en el cielo, en la tierra y en todo lugar, ¿no es así? Pero, ¿qué tanto de esto podemos creer? ¿Cuánto de esto podemos aceptar para probar? ¿Realmente comprendemos el significado de estas palabras?

Si realmente creyésemos en todo esto, no tendríamos ninguna carencia ni limitación, tampoco enfermaríamos, porque nada de esto ha sido creado por Dios, y si somos sus hijos deberíamos gozar de todo lo bueno que Él ha creado para vivir nuestra vida, que es Su vida plenamente.

Estuviéramos viviendo como Adán y Eva vivieron dentro del Jardín del Edén (Gen.2:15). Ellos disfrutaban de armonía, paz, belleza y pureza; de perfecto balance y equilibrio mental. Así, hombre, animales y naturaleza viviendo, creciendo y compartiendo juntos todo, en perfecto Orden Divino.

Según nos es revelado en Génesis 2:7,22 y 27, Dios creó al hombre y a la mujer a Su imagen y semejanza, lo cual significa que somos creaciones Divinas, una Idea Divina de Dios individualizada como tú, yo y toda la humanidad.

Una encarnación del Espíritu Universal, y por consiguiente, nuestro nacimiento fue y es un estado perfecto, sin juzgamientos, libre de pecado, sin mancha y con una conciencia de perfección como se confirma en Mateo 5:48: *"Sed perfectos, como vuestro Padre celestial es perfecto"*. Esta es la Verdad, la creas o no, lo aceptes o no. Si no hemos realizado esta perfección en nuestro ser físico es debido al acondicionamiento de falsas creencias que hemos aceptado acerca de la imperfección en nuestra humanidad.

El hombre es esencialmente bueno —no un pecador—, porque su naturaleza real es Divina —espiritual. Todo lo que ha hecho y sigue haciendo Dios es bueno, muy bueno; de otra forma no sería Él bueno. El Dr. Ernest Holmes, fundador de Ciencia de la Mente, en su libro de texto *La Ciencia de la Mente*, nos dice:

*"...Y DIOS DIJO DENTRO DE SÍ MISMO DESPUÉS DE HABERLO CREADO: SI YO DESEO TENER UN HOMBRE, EL CUAL SEA UN SER REAL, YO DEBO DARLE A ÉL LIBRE ALBEDRÍO. ÉL DEBE DE SER ESPONTÁNEO, NO AUTOMÁTICO. ÉL DEBERÁ TENER DOMINIO SOBRE TODAS LAS COSAS QUE TENGAN MENOS INTELIGENCIA QUE ÉL. YO LE PERMITIRÉ A ÉL QUE LE PONGA NOMBRE A TODO LO QUE YO HE CREADO Y LE PERMITIRÉ QUE DISFRUTE DE TODAS LAS COSAS, PORQUE QUIERO QUE SU VIDA SEA LLENA Y COMPLETA SI ES QUE ÉL VA A EXPRESAR MI NATURALEZA..."*

¿No es esto maravilloso? Se nos ha dado libertad absoluta y poder suficiente para escoger, tomar decisiones, no somos seres autómatas sino seres libres, pensantes, con libre albedrío. Nuestro Creador nos dio el regalo divino de ser parte integral de lo que Él es —Un Ser Espiritual, puro y perfecto. Lamentablemente, hemos sido mal informados acerca de nuestra verdadera naturaleza, porque se nos ha enseñado a ver más lo humano en nosotros que lo divino. Ver más lo malo que lo bueno en nosotros y en los demás.

Desde nuestra niñez hemos sido fuertemente influenciados tanto en nuestro hogar por nuestros padres, familiares, maestros o en nuestra sociedad y religión, y todo con un propósito, hacernos sentir mal o "poca cosa", y así hemos sido amedrentados y hemos estado bajo su control. Por lo tanto hemos hecho lo que ellos quieren que hagamos, no lo que nosotros queremos ser o hacer, coartándonos en esta forma nuestra libertad, nuestro libre albedrío que Dios nos dio a todos por igual.

Claro que no vamos a juzgar ni culpar a los demás de lo que nos pasó o está pasando, simplemente ahora sabemos que no teníamos el conocimiento para rechazar esta información, y por lo tanto la aceptamos como verdad. Pero ahora podemos modificarlo todo, nunca es tarde para empezar de nuevo. Hoy es el día, aquí mismo donde tú estás es el momento ideal, perfecto.

No debemos ceder nuestro derecho divino y darle a otro a escoger por nosotros, porque esto equivale a negarnos nosotros mismos este derecho. A riesgo de equivocarnos nosotros siempre debemos escoger o decidir, porque si nos equivocamos, esto nos ayudará a que la próxima vez tengamos más cuidado al escoger o tomar decisiones.

Cuando nos llega el "despertar" de esta Verdad, nos damos cuenta que hemos permanecido "dormidos" —en la ignorancia, en la oscuridad. Pero nunca es tarde para cambiar, para reconocer y reclamar aquí y ahora nuestra herencia divina, para comenzar a disfrutar de todo lo bueno que nuestro Padre Celestial ha creado para nuestro bienestar, para regresar a nuestro "paraíso" del cual nos salimos al cometer el error o "pecado" de no saber escoger correctamente. En nuestra ignorancia no supimos cómo rechazar la tentación o sugestión de otros, así como la falsa información, y esto ha originado que "en el pecado llevemos la penitencia", como dice el refrán.

Pero ya hemos pagado por esos errores —al haber sufrido, la ley ya nos ha cobrado los errores—, ya sabemos ahora que somos seres libres, seres individuales, seres humanos; pero ante todo, somos seres espirituales, dotados de cualidades y virtudes como nuestro Creador, con sabiduría y poder.

Desde luego que no nos vamos a comparar con Dios en grandeza, pero sí en esencia de lo que Él es. Al aceptar conscientemente que tenemos poder suficiente para hacer de nuestra vida una vida plena, entonces podremos glorificar a Dios en la salud, no en la enfermedad; en la abundancia, no en la carencia; en la riqueza, no en la pobreza. Tendremos siempre éxito en todo lo que emprendamos y, sobre todo, nos mantendremos siempre equilibrados física y mentalmente, en completa paz.

Cuando esto suceda, cuando llegue ese tiempo, nosotros podremos hablar directamente con Dios —sin intermediarios como lo hacíamos antes—, porque nos habremos reconectado o habremos arreglado el falso contacto que había en nuestra comunicación, la cual quedará restablecida.

Con el conocimiento y el saber quién eres tú. Con una nueva idea de lo que la vida es en ti y sabiendo también que la vida en ti es la Vida de Dios, entonces tú empiezas a pensar y a reconocer que sólo hay una Presencia y un Sólo Poder en el Universo, el cual es Dios y que tú eres Uno con Él.

En esta forma tú estarás siempre unido en pensamiento y sentimiento con tu Fuente de provisión; mantendrás todos los canales abiertos para que seas provisto de sabiduría, entendimiento y comprensión para una vida plena.

Sabrás que la Ley de Causa y Efecto opera de acuerdo a tu pensamiento y sentimiento, ya sea para bien o para no-bien, esto siempre será una decisión tuya. Con tu nueva comprensión de esta Ley, tú sólo la usarás de acuerdo a lo que realmente quieras experimentar en tu vida.

Para encontrar esta "conexión" permanente con la Fuente de poder y sabiduría, lo que debes hacer es ir dentro de ti mismo —a través de la meditación—, ahí es donde reside tu real naturaleza, y cuando verdaderamente lo creas, lo *sientas,* tú recibirás la guía necesaria para hacer los cambios correctos y experimentar sólo alegría y entusiasmo por la vida, disfrutarás de una vida rodeado de todo lo bueno, una vida que tal vez nunca pudiste haber soñado o imaginado, pero que es posible lograr para todo aquel que cree.

Cuando entras en el silencio de tu interior, aprendes a *"hablar"* con Dios, con la misma naturalidad como conversas con una persona y tú recibes todas las respuestas para todas tus preguntas. En este lugar sagrado donde sólo tú puedes permanecer, radica el Poder que es Omnipresente, Omnisciente y Omnipotente. Él siempre nos está esperando a que lo reconozcamos y nos unamos a Él para que a través de nosotros manifieste todos nuestros deseos, no importa qué tan imposibles puedan ser para nosotros, para este Poder todo es posible.

Hace dos mil años vino el Maestro Jesús a decirnos esto, y lo demostró en su propia persona y en otros, él dijo: *"Este poder es tuyo, está siempre contigo, pero tienes que usarlo. Él siempre te responderá y te será dado en la medida que así lo creas".* Esta Verdad de siempre también la hemos probado nosotros, y te decimos que sí funciona, tú no puedes ser la excepción, ponlo a prueba, practícalo y estamos seguros de que también a ti *"te será dado en la medida en que tú lo creas".*

# DIOS NUNCA
# NOS FALLA

Una sociedad con Dios siempre nos beneficiará y tendremos el éxito asegurado. En cualquier negocio, compañía o empresa, inclusive en nuestra vida, si ponemos a Dios como socio principal, Él siempre nos guiará al triunfo. Lo aceptemos o no, lo reconozcamos o no, nosotros formamos una sociedad con Dios, porque Él *"trabaja"* o hace las cosas a través de nosotros —Dios hace por ti lo que Él hace a través de ti. Cuando tengamos este conocimiento y aceptación de Su presencia, entonces nosotros seremos siempre canales limpios de expresión de todo Su bien. Seremos los administradores de los bienes de Dios.

Cuando tomamos conciencia de este hecho y analizamos que somos parte de la Mente Divina, entonces podemos aceptar que nuestro Dador de vida es nuestra mejor opción para invitarlo a que sea el socio principal en nuestro negocio. Él nos provee de ideas para que a través de ellas todo progrese. Vendrán a trabajar con y para nosotros las personas ideales, aquéllas que buscan progresar y dar lo mejor de ellas mismas. Nos envía a los clientes perfectos que andan buscando aquello que nosotros vendemos o producimos. Ellos hacen negocio con nosotros y nosotros con ellos. Todo se mantiene en armonía y Orden Divino.

En la Mente-Dios no hay competencia, porque Ella es creativa y no necesita competir. Ella crea por contemplación y nosotros somos co-creadores con Ella de acuerdo a nuestro pensamiento, creencia, aceptación y fe. De esta forma, la actividad correcta de las ideas de nuestro Socio, son las mismas a través de nosotros, sus canales de expresión. En esta forma funciona lo Universal a través de lo individual, así *"trabaja"* el Infinito a través de lo finito —cada uno de nosotros.

Cuando ponemos en las manos de nuestro Socio el negocio, nuestra mente se libera de todo temor, incertidumbre y ansiedad. No nos preocupamos por cómo está la bolsa de valores o la fluctuación de la moneda, los valores bursátiles y todo lo relacionado con el mundo de la "apariencia" —el mundo externo de los negocios—, porque nosotros estaremos siempre guiados e inspirados para hacer y tener buenos negocios todo el tiempo. Nuestro Socio nos dirá el momento oportuno para hacer los cambios necesarios y así estaremos siempre asegurados. Nuestro negocio y finanzas estarán basados en lo espiritual, en el Espíritu que nunca cambia, siempre es el mismo, permanente y eterno. Las personas que fracasan y pierden, es debido a que están basadas en lo material —lo externo—, y lo material siempre está en un cambio continuo, no es permanente como lo espiritual.

Una persona puede amasar una gran fortuna, pero si ella está sujeta al mundo del cambio, corre el riesgo de perderlo todo al ocurrir una devaluación o bancarrota. Porque al basar su riqueza en la bolsa de valores —que está constantemente cambiando—, ahí es donde existe el riesgo, pues no hay estabilidad. En esta conciencia o pensamiento, llamado también karma colectivo, donde la gente está siempre pensando en las fluctuaciones y cambios en el mercado cambiario, no puede haber estabilidad. Como la ley del pensamiento no es selectiva —ella sólo crea aquello que la persona le está dando más interés o enfoque—, entonces, si tú estás temeroso y sientes que vas a tener pérdidas, ten la plena seguridad de que así será.

Esto fue lo que le pasó a Job, según lo dice en la Biblia: *"Lo que tanto temía, me sucedió".* Por esta razón nunca debemos pensar en las cosas que no deseamos que vengan a nosotros.

Recuerda siempre que cada pensamiento que hayas aceptado —bueno o malo—, tendrá una expresión. Pero también recuerda que estás a cargo de tu pensar y es tu responsabilidad seleccionar sólo pensamientos que te beneficien. ¡Alerta!, con los pensamientos de: "Hoy la bolsa de valores tuvo fuertes bajas; el precio del combustible aumentó al doble; cerraron varios negocios por incosteables; los impuestos aumentaron; todos los negocios están muy despacio; viene una fuerte devaluación; etc.". Si te dejas influenciar por ellos, tú estarás perdido también.

Como ser pensante y con el poder que tú posees, afirma: "Mi vida y mis negocios los maneja Dios, yo sólo los administro guiado por Su sabiduría. Consecuentemente, yo siempre tengo éxito en todo". En esta sencilla forma estarás protegido de todo movimiento externo que no sea bueno, tus finanzas siempre estarán en aumento, y cualquier cambio que hubiere, tú serás inspirado para hacerlo en el momento correcto y oportuno. Tú también exclamarás: "Dios nunca me falla".

Lamentablemente, los medios masivos de información son grandemente negativos, y si no sabemos cómo rechazar esta información, nos dejaremos arrastrar por la corriente de sugestión que nos llevará a la derrota. Por ejemplo, una persona común —de negocios— se levanta por la mañana y lo primero que hace es leer el periódico antes de tomar el desayuno, para ver cómo amaneció la banca —el cambio monetario, y más que saborear su desayuno lo traga porque anda y vive de prisa—, después enciende la TV para confirmar lo dicho por el periódico, lo cual es afirmativo, su tensión aumenta por las noticias nada alentadoras y sale corriendo de su hogar.

Sube a su carro, enciende el radio y escucha al lucutor decir: "Liberaron los precios y hay caos financiero". Siente que su presión le ha bajado hasta los pies, y en vez de irse al negocio se dirige al hospital víctima de una fuerte depresión.

En cambio, cuando dejamos que nuestro negocio lo maneje Dios —Él a través de nosotros y todos sus medios—, entonces vivimos una vida apacible, sin preocupaciones ni ansiedad. Los temores no nos perturbarán porque Él lo tiene todo bajo control. Se le preguntó a un hombre que tenía mucho éxito en sus negocios cuál era su secreto, y él muy seguro de sí mismo, dijo: Simplemente sigo las indicaciones de ese madero que cuelga en la pared que dice: Primero. Dios. Segundo. La Familia. Y Tercero. El Negocio. Luego explicó: Lo primero que hago por la mañana es orar a Dios, que equivale a estar bien —o sea que se ponía en sintonía o a tono— con Él. Lo segundo, yo convivo con mi familia, es decir, dialogamos y disfrutamos juntos, en completa armonía, y esto me mantiene alegre, me siento feliz, con mucho entusiasmo salgo de mi hogar. Y tercero, cuando llego a mi trabajo, mi entusiasmo y alegría contagia a todo mi personal y todos disfrutamos haciendo cada cual su parte con mucho entusiasmo y amor, por consiguiente, todo marcha sobre ruedas.

Regresando al hombre promedio o común, él hace todo lo contrario a lo de este hombre con éxito. Este hombre empieza con el tercer paso, como luego dicen, por los pies. Él comienza el día preocupándose por el trabajo, y continúa con el segundo paso diciéndole a la esposa y a la familia que no tiene tiempo para ellos, porque tiene bastantes problemas en el trabajo para dedicarles atención a ellos. Además que tomen en cuenta que del trabajo dependen todos y no puede descuidarlo, así es que sale de su hogar la mayoría de las veces enojado, porque la esposa le reclama su falta de atención para con ella y la familia. Y llega al trabajo de mal humor y se encuentra que todo mundo llega tarde y nadie coopera, es un caos total. ¿Y el primer paso? ¡Ah! Él dice, esas cosas de Dios son cosas de mujeres, ella que vaya a misa o a la iglesia y que ore por todos. Analiza bien y detenidamente a estos dos personajes. ¿A cuál te pareces o deseas parecerte?

La siguiente oración ya está puesta a prueba con magníficos resultados, y si tú deseas ser una persona de éxito te invitamos a que la experimentes.

Unos diez minutos antes de abrir tu negocio, siéntate muy cómodamente, relájate lo mejor que puedas. En este momento deja fuera de tu mente cualquier pensamiento de preocupación, temor o ansiedad. Afirma en forma audible sólo para ti, lenta y pausadamente, *sintiendo* las siguientes palabras:

*"DIOS ESTÁ A CARGO DE ESTE NEGOCIO. ÉL ME INSPIRA CON NUEVAS IDEAS Y ME PROVEE DE*

*TODO LO NECESARIO PARA QUE YO Y TODOS LOS QUE LABORAMOS EN ÉL PROSPEREMOS. TODOS LOS QUE TRABAJAMOS EN ESTE NEGOCIO LO HA-CEMOS CON AMOR Y ALEGRÍA. DAMOS UN BUEN SERVICIO A TODOS LOS CLIENTES QUE LLEGAN Y ELLOS SALEN SATISFECHOS DE HABER HECHO UN BUEN NEGOCIO CON NOSOTROS Y NOSOTROS CON ELLOS. EN ESTE NEGOCIO DIOS ES EL SOCIO PRINCIPAL Y NOSOTROS SÓLO LO ADMINISTRAMOS BAJO SU GUÍA DIVINA. DIOS NOS RECOMPENSA RICAMENTE Y TODOS PROSPERAMOS EN ESTE MA-RAVILLOSO NEGOCIO. GRACIAS, DIOS''.*

Si tú empiezas hoy aplicando este método, empezarás a ser una persona de éxito, y si ya lo eres, experimentarás aún más prosperidad y éxito, además tendrás tiempo suficiente para disfrutar la vida con tu familia, tus asociados y amigos.

Una de las cosas que debes tomar muy en cuenta es que no debe de preocuparte cómo la gente de los negocios se está manejando, cómo ellos piensan o actúan, esto no te beneficia en lo absoluto. De ahora en adelante sólo vigila cómo estás pensando acerca de ti mismo y de los demás, porque de esto sí tendrás un resultado.

Rechaza toda información que consideres negativa. Si escuchas decir que hay crisis en todo, mentalmente afirma: "En mi vida y mi negocio sólo hay éxito. Todo lo que yo hago, digo y pienso tiene éxito". Así tú no tienes que argumentar con nadie, y si te preguntan como anda tu negocio, sin titubear responde: "Gracias a Dios aquí todo marcha bien".

En el supuesto caso que te pregunten cómo le haces, tú puedes compartir con ellos la oración. Tú debes saber que el que da recibe, o sea que cuando compartimos el éxito, tenemos mucho más éxito. La declaración dice: *"Aquél que tiene se le dará más y al que tiene poco, eso también lo perderá".*

Deja ir para siempre de tu mente todo pensamiento de temor, duda, ansiedad o preocupación, porque ellos te limitan. Manténte todo el día con pensamientos de abundancia, prosperidad y éxito, así como de paz mental. Establece estas actitudes en tu mente y después ve a tu negocio sabiendo que todo marcha a la perfección, porque: *"El hombre con pensamientos grandes siempre será el hombre que hace grandes cosas".*

Recuerda una y otra vez que con Dios como Socio principal en tu negocio, será siempre un éxito asegurado, porque "Dios Nunca Nos Falla".

# EL PERDÓN

Cuando nos hablan y nos dicen que debemos perdonar, a todos nosotros nos cuesta mucho trabajo poder perdonar a quienes de una u otra forma nos han herido, y se hace mucho más difícil cuando esa herida es muy profunda y en ocasiones está esquematizada. Pero cuando desechamos esos resentimientos o corajes, que son sentimientos altamente negativos, que en ocasiones sentimos que nos ahogan, entonces encontramos la paz anhelada, y esto lo logramos a través del perdón.

Sí, debemos perdonar y olvidar por nuestro propio bienestar. Recuerda al Nazareno que estando en la cruz dijo: *"Padre, perdónalos porque no saben lo que hacen"*. No importa el tiempo que haya transcurrido en el cual tú hayas estado experimentando amargos sufrimientos por el hecho de odiar a alguien, o algo que con el paso del tiempo se ha convertido en un cáncer que la ciencia médica no ha podido controlar.

Reflexiona y piensa por un momento: ¿Realmente vale la pena seguir sufriendo al seguir odiando? ¿Me ha beneficiado en algo esta actitud? ¿Me beneficia el guardar resentimiento, celos, envidia, temor o tensión? Si te respondes honestamente encontrarás que ha sido más el daño que el beneficio de todo esto, porque tú eres el único que ha sufrido o está sufriendo.

En la mayoría de las veces, las personas que nos han causado daño ni siquiera se acuerdan de lo que hicieron, y tal vez algunas de ellas ya estén en otra dimensión, o sea que ya no están más en este mundo y, sin embargo, al mantener nuestros sentimientos de coraje hacia ellas, el recuerdo sigue vivo en nuestra mente como si hubiese sido ayer el suceso, y por esta razón debemos exteriorizar esos sentimientos negativos. De lo contrario continuarán haciéndonos daño, un daño que muchas veces es irreversible.

La Ciencia Médica sólo alivia los efectos o los retiene por un tiempo, pero no los puede eliminar cuando éstos son de origen mental. Por ejemplo, el cirujano amputa una pierna donde apareció un cáncer progresivo o "maligno", el cual si no se detiene puede cundir por todo el cuerpo.

Al poco tiempo vuelve este mismo mal, apareciendo en otro miembro, y vuelven a amputárselo y continúan mutilando a la persona, hasta que llega el momento en que la ciencia médica le dice al paciente o a los familiares que ellos ya no pueden hacer nada, que han agotado todos sus conocimientos y recursos humanos por salvarle la vida y que el final se acerca —la muerte segura.

Cuando no hay conocimiento para sobreponerse a esto, todo mundo se resigna o empiezan a llorar y a lamentarse por lo sucedido. A la luz de nuestro entendimiento —cuando tenemos el conocimiento de que todo efecto es producto de una causa mental— esto pudo haberse superado simplemente perdonando y perdonándose a sí mismo. En nuestra ignorancia de cómo trabaja nuestra mente, nosotros mismos nos autocastigamos al anidar en nuestra subconsciencia pensamientos negativos, que cuando son de rencor, generamos un veneno que nos está comiendo por dentro.

Hay una frase que dice: *"No es tanto lo que comes lo que te produce el mal, sino lo que te está comiendo por dentro"*, y esto es verdad. Muchas personas tienen la falsa creencia de que todo esto son "pruebas" que nos manda Dios o que tenemos que "sufrir" para merecer la "gloria", y algunos estoicamente soportan estos males. Si esto fuera cierto nadie podría sanar. Dios no creó ninguna enfermedad, hemos sido nosotros mismos con nuestra mente engañada o por nuestros pensamientos negativos, erróneos. Dios no puede crear algo que contradiga Su propia naturaleza.

Nuestras actitudes mentales son las que controlan nuestra vida, pero nosotros tenemos el poder para controlar a estas actitudes, es decir, podemos modificarlas en todo momento. Con este poder que Dios nos ha dado, podemos exterminar todo pensamiento —la causa— negativo de nuestra mente y mantener sólo pensamientos que nos beneficien como pensamientos de salud, armonía y paz —los efectos. Una vez que los hayamos establecido dentro del proceso creativo en nosotros —el subconsciente—, ellos vendrán a manifestarse en nuestro cuerpo y ambiente, manteniéndonos en perfecta salud y llenos de armonía y paz.

Jesús, el gran maestro nos dijo: ***"Perdona a tus enemigos y ora por los que te aborrecen"***. Una declaración sencilla pero difícil de llevarla a cabo cuando uno está sufriendo en carne propia la enfermedad. Una persona me dijo en cierta ocasión: "Yo no puedo perdonar a esa persona que tanto daño me ha hecho, ni tampoco voy a humillarme haciéndole la oración del perdón". Le contesté que por su propio bienestar lo hiciera si realmente quería recobrar su salud, ya que al hacerle la oración del perdón no se estaba humillando ni tampoco le estaba haciendo ningún favor a esta persona. Que tal vez aquélla persona ya habría olvidado el suceso, en cambio ella estaba sufriendo.

Así que la más beneficiada en este caso era ella misma, porque al hacerlo se libraría del sufrimiento. También le hice ver que no era necesario que se lo dijera personalmente, que ella lo podía hacer escribiendo en una libreta y que al hacerlo se imaginara que esta persona estaba frente a ella. Esta fue la oración que hizo: "Yo *(escribía su nombre completo)* te perdono a ti *(escribía el nombre completo de la persona que la había ofendido)* por todo el daño que me causaste, haya sido esto real o imaginario. Tú y yo somos uno delante de Dios. Dios te bendice y te perdona y yo te bendigo y te perdono también. Ahora ambos somos libres y estamos en completa paz. Yo te deseo toda la felicidad al igual que la quiero para mí. Así Es. Amén".

Le sugerí que lo hiciera tres veces al día y que al estarla escribiendo le pusiera todo el énfasis a las palabras, hasta que llegara el momento en que verdaderamente *sintiera* que le estaban naciendo desde el fondo de su corazón. Esta sería una señal para darse cuenta de que ya había perdonado. Entonces al eliminar el resentimiento vendría la curación. Se le advirtió que al principio, cuando se está haciendo esta oración, uno siente que lo que está diciendo y escribiendo no es verdad, siente que se está mintiendo a sí mismo, pero tenemos que continuar haciéndolo hasta ver el cambio y finalmente el resultado.

Al término de veintiún días de estarlo haciendo ininterrumpidamente, esta persona vino a verme para dar su testimonio. Ella lucía radiante de salud y felicidad; me dijo: "Gracias a Dios y a usted he renacido de nuevo, yo misma me desconozco a causa del cambio tan maravilloso que ocurrió en mi persona. Ahora todo lo puedo ver desde otra perspectiva. Todo lo que me rodea es bello y todo está en orden Divino, pero antes todo lo veía mal. Ahora también yo puedo decir con toda seguridad y firmeza que realmente esto funciona; puedo confirmar el significado de *'Todo es posible para aquél que cree'*".

Esto mismo nos dice la declaración bíblica: *"Cuando ores, cree que lo recibes y así será hecho en ti"*. La oración del perdón para uno mismo también nos libera de las barreras mentales que inconscientemente hemos creado en el pasado, al ser heridos en nuestros sentimientos o bien cuando hayamos cometimos algunos errores "pecados" y nunca pedimos disculpas o perdón por ello a las personas, porque como dijo la persona referida anteriormente, el falso orgullo en nosotros nos impide hacerlo, porque no queremos "humillarnos" ante nadie, y este es el peor error que podamos cometer.

Realmente no nos humillamos ante nadie al pedir perdón. Sencillamente estamos reconociendo nuestra falta y disculpándonos por ello, y de ser posible podemos enmendar la falta. Al perdonar nosotros, tampoco estamos humillándonos. Estamos eliminando de nuestra mente todo resentimiento que nos está haciendo daño. Cuando no le damos salida a esta energía negativa, se va enraizando en nuestra subconsciencia, que con el tiempo germina —como la semilla en la tierra— y crece, o sea, se manifiesta en nuestro cuerpo como una enfermedad.

La ciencia médica no puede en este caso saber la causa que originó la enfermedad, porque en los análisis clínicos los aparatos que usan no pueden registrar el origen. Nosotros ahora sabemos que el origen o causa es mental, y que la mayoría de las enfermedades penetran por nuestra mente. Sabemos que las enfermedades no se originan solas porque no tienen poder para hacerlo. Somos nosotros mismos quienes las originamos con nuestro erróneo pensar y falsas creencias acerca de ellas.

En el transcurso de nuestra vida —desde que tenemos uso de razón— hemos almacenado en nuestra memoria —al no saber rechazar— infinidad de pensamientos erróneos o negativos que muchas veces no podemos saber cuándo penetraron o les dimos cabida. Por esta razón tenemos que hacer algo para eliminar estas barreras que están impidiendo nuestra felicidad. Nosotros hemos experimentado grandes resultados al usar la oración del perdón para uno mismo, y si tú estás dispuesto a hacerla, tú mismo lo comprobarás.

Si te has convencido de que la presente situación que estás experimentando no te beneficia, y que por lo contrario te está perjudicando, entonces con mucha sinceridad y con el firme propósito de eliminar todo lo opuesto a tu bienestar, afirma de la siguiente manera:

"Yo *(menciona tu nombre completo)* me perdono a mí mismo por todos los errores y faltas cometidas en el pasado. Dios ya me ha perdonado y yo me he perdonado también. Yo ahora soy un ser libre, nada me ata ni puede impedir ahora mi felicidad completa, la cual es mi derecho Divino vivir. Así Es. Amén".

Tú puedes grabarte en la memoria esta sencilla oración y la puedes decir cuantas veces quieras durante el día, esto te será de gran ayuda para borrar de tu subsconsciencia todo pequeño o grande resentimiento, o sentido de culpa del pasado que pudiese ser "la piedra de tropiezo" que impide tu salud completa, así como tu felicidad por siempre.

Se dice que es de humanos el errar, y esto es razonable, pero yo te digo que antes de ser humanos somos Divinos, y por eso es de divinos el perdonar y perdonarnos nosotros mismos, para volver a nuestro estado natural de vivir en armonía con nosotros y con todos los demás. Si así lo hacemos, habremos cumplido con el mandato del Gran Maestro, quien nos dijo: ***"Y cuando estéis orando, perdonad si tenéis algo contra alguno, para que también vuestro Padre os perdone vuestras faltas"***. Esta es la llave de la felicidad por siempre y para siempre.

# EL QUE DA
# RECIBE

Una de las leyes de radiación dice: "El poder absorbente de una sustancia es igual al poder que emite". Existe la ley de la naturaleza que está comprobada científicamente. Si tú, por ejemplo, siembras, tú cosecharás. Ningún hombre, por más sabio que se le considere, sabe cómo trabaja esta ley.

Quitman, el gran filósofo dijo: *"El regalo es más regalo para el que da que para el que lo recibe, porque al que lo da le viene a él de nuevo"*. Esto significa que lo que el hombre siembre, cosechará de acuerdo a su siembra. Cada uno de nosotros es un punto en la Mente Divina, y por esta razón somos centros de Ella como el espíritu viviente en nosotros, con poder para crear —sembrar— a través de nuestros pensamientos.

Nosotros no vivimos porque entendemos la vida o porque alguien nos dijo que la vida está en nosotros. Vivimos porque la vida en nosotros es Dios, el Espíritu puro, eterno, expresándose individualmente como tú, como yo y en distintas formas. Todo lo manifestado por Dios está sujeto a Su Ley, esta Ley está implantada dentro de cada uno de nosotros y es la que nos regula y gobierna.

Nosotros usamos la Ley Divina basados en nuestro habitual pensar. Como sabemos, todo y todos estamos sujetos a leyes. Por ejemplo, en el mundo físico/material en que vivimos —humanamente— existen las leyes civiles, creadas por el hombre. Si alguien viola una de estas leyes, se hace acreedor a un castigo o debe pagar por ello.

Como somos también seres espirituales, igualmente existen leyes mentales —espirituales o divinas—, las cuales no podemos ver, pero que sin embargo están controlando nuestras vidas, y si accionamos una de ellas en forma negativa, entonces tendremos un resultado negativo —o castigo por esta acción errónea.

Pongamos por ejemplo en el primer caso la ley de tránsito. Ella nos dice que debemos respetar la señal de "Ceda el Paso" cuando vamos a entrar a una intersección, porque de no hacerlo podemos provocar un accidente. Si un agente de tránsito observa que no hiciste caso al señalamiento, te levantará una multa que debes pagar por haber violado el reglamento. En otras palabras, te habrás hecho acreedor a un castigo o multa por violar la ley. Debes pagar por ello.

En el segundo caso, nosotros accionamos las leyes mentales a través de nuestro pensamiento. Si nosotros pensamos mal, el mal nos seguirá, y si pensamos bien, el bien nos vendrá, así es la mecánica de esta ley. Generalmente nosotros estamos accionando la ley de Causa y Efecto en todo momento, y en la mayoría de las veces en forma inconsciente, lo cual significa que no sabemos mucho o nada acerca de ella.

Esta ley es inviolable y siempre nos está dando resultados matemáticos, infalibles. Es una ley impersonal, o sea que no respeta personalidades ni tiene sentimientos. Es una fuerza mecánica. Esto nos hace pensar o suponer que ella es "cruel", pero no es así. Ella simplemente está dándonos un resultado de acuerdo a nuestro habitual pensar. Es nuestra la responsabilidad de los resultados al usarla. Por esta misma razón debemos tener mucho cuidado al usarla, para hacerlo en forma correcta y así obtener sólo resultados deseados.

Con el conocimiento adquirido acerca de la mecánica de la ley mental, nosotros podemos sacar provecho de ella, porque lo mismo actúa positiva que negativamente. Lo mismo quien la use, ya sea creyente o no, ya sea un niño, joven, adulto o anciano. No importa su nacionalidad, si es chino, inglés o mexicano. No respeta personalidad, color, credo o raza. Ella responde y corresponde a todos por igual de acuerdo al uso que le damos —de acuerdo a la actitud mental de cada cual.

Cuando nosotros hablamos de dar, estamos hablando de la ley de compensación o retribución. Esta ley siempre nos corresponde de acuerdo con nuestras dádivas. Ella nos da más de lo que nosotros damos. Todos podemos comprobarlo cuando accionamos esta ley dentro de la naturaleza. Por ejemplo, si tú siembras un grano de maíz, ¿cuántas mazorcas produce una planta? Muchas de las veces nos dan dos, y ¿cuántos granos tiene cada una?

Igualmente si siembras un hueso de aguacate, ¿cuántos aguacates produce un árbol? ¿No es maravillosa la forma como esta ley nos corresponde? ¿Acaso la gente que la usa debe pertenecer a cierta religión o hacer ciertos sacrificios para obtener resultados? ¡Claro que no! Ella simplemente hace su parte cuando nosotros la usamos, aun sin conocimiento de ella.

Igualmente funciona en nosotros esta ley de compensación, y es por esto que cuando comencemos a dar, también empezaremos a recibir, pero es necesario que aprendamos a dar e igualmente a recibir. Cuando demos, debemos hacerlo con amor, con el sincero deseo de ayudar, sin esperar ser correspondidos, es decir, dar incondicionalmente, es la forma correcta de accionar esta ley para que nuestras dádivas regresen a nosotros multiplicadas.

*"Todo lo que sale de ti, regresa a ti multiplicado".* Es su forma de actuar, pero recuerda que bueno o malo, así será el resultado, porque ella no es selectiva.

Cuando tú recibes, debes agradecer, sabiendo que es la respuesta de tus dádivas y sabiendo que es Dios a través de Su ley de compensación que te está devolviendo lo que tú has estado dando.

Muchas personas, en su ignorancia de esta respuesta de la ley, rechazan lo que les están dando u ofreciendo. Tal vez hayas escuchado a alguien decir cuando recibe o le ofrecen algo: "No, a mí no me des nada, no me gusta que se molesten por mí"; "me da pena que te molestes regalándome cosas"; "no lo hubieras hecho, no es necesario esto"; etc.

Generalmente lo dicen cuando el regalo no es de su completo agrado. Pero, acaso se preguntan, ¿en qué forma ellas han estado dando? Porque ellas reciben exactamente lo semejante a lo que han dado.

El rehusar dar es también rehusar vivir al grado máximo, y si rehusamos recibir estamos bloqueando nuestro derecho de recibir. Por ejemplo, si rehusamos dar amor, estaremos automáticamente rehusando recibir amor, porque eso que rehusamos dar no sólo nos cierra la puerta, sino que también le estaremos cerrando la circulación al que da.

Esto suena como una proposición difícil hasta que nos damos cuenta que si fuese de otra manera nunca seríamos provistos ni libres. Estaríamos atados a circunstancias externas. La libertad existe sólo en nuestra mente, porque todas las ataduras de que hemos sido objetos han sido porque consciente o inconscientemente las hemos creado, y de esta misma forma podemos ahora destruirlas y no estar ya más sujetos a estas condiciones externas, sino que ellas estarán sujetas a nosotros, ya que las podemos cambiar para nuestro bienestar y mejor forma de vivir.

Tú debes saber que cada cual es su propio maestro, el arquitecto de su propio destino, porque sólo cada uno de nosotros sabe qué es lo mejor o qué es lo que quiere ser o tener. Por lo tanto, si tú quieres tener amor, lo primero que debes hacer es amarte a ti mismo, luego tú tienes la libertad para darlo.

Igualmente, si ya has cubierto tus necesidades financieras y tienes dinero suficiente, tienes la libertad para compartirlo haciendo una obra de caridad o donativo a alguna institución de beneficencia pública. A algún centro espiritual donde se enseñe la Verdad.

Por el contrario, si has decidido no dar, tú estarás usando el libre albedrío que Dios nos ha dado a todos por igual. Pero, en tal caso, estarás actuando en contra de tu verdadera naturaleza —estarás yendo contra la corriente de la vida—, y de esta forma tú mismo te estarás bloqueando para recibir la abundancia que Dios tiene para ti.

Todos y cada uno de nosotros somos centros de distribución o canales por los cuales Dios provee a todos nosotros, Sus hijos e hijas queridos. No te preocupe si otros no dan, te beneficia el hacerlo tú. Pero tienes que hacer conciencia de que es Dios a través de ti quien lo hace y así estarás accionando Su ley, la cual te recompensa ricamente.

Toma en cuenta que tú eres libre de actuar y que debes hacerlo como quisieras que actuaran contigo. No retengas más tu bien, porque si lo haces, no estarás siguiendo el Orden Divino, el cual es balance perfecto: *"Dar y Recibir".* Mantén muy clara en tu mente esta declaración: *"Todas las cosas que creas que el hombre debe hacer para ti, hazlas tú para él, porque esta es la ley de la profecía".*

Muchas personas nos dicen que a ellas no las acostumbraron a dar y que se les hace difícil hacerlo. Esto es normal en algunas personas, pero les decimos que todo se puede modificar cuando realmente uno tiene el sincero deseo de cambiar para mejorar. Además esto nos beneficia en todos los aspectos, porque incrementamos nuestra prosperidad en todo y porque el que da recibe, así de simple. ¡Atrévete a probarlo! y te convencerás por ti mismo. Afirma de la siguiente manera:

*"Hoy yo he decidido dar, sabiendo que soy un canal Divino de provisión para otros. Mi Fuente de abastecimiento es Dios y a mí nunca me falta. Todos los canales para recibir mi bien están ahora abiertos, disponibles y receptivos, gracias, Dios, por proveernos a todos por igual. Así Es".*

# DEJA QUE EL AMOR COMIENCE EN TI

"Sólo Amor conoce Amor y Amor conoce sólo Amor". Con simples palabras no podríamos expresar este Amor porque es un sentimiento muy profundo. Muchas cosas sabias y hermosas han sido escritas por quienes han experimentado su unión con Dios, que es Amor, y ellos han compartido con nosotros estas experiencias vividas, y cuando leemos acerca de ello, nuestros corazones palpitan y sentimos la Presencia Divina.

Cuando escuchamos el canto de los pájaros, cuando vemos la sonrisa de un niño, cuando contemplamos el arco iris en el cielo o admiramos las estrellas en la noche, entonces sentimos algo dentro de nosotros y ese algo es Amor. Qué bueno es reconocer que a dondequiera que vayamos movidos por el Amor, estaremos siendo guiados por Dios, que es Amor. En ese momento tenemos completa conciencia de que estamos en el mundo de Dios, y un proceso de transformación saludable comienza dentro de nosotros.

Nuestra capacidad de sentir y expresar amor necesita ser exteriorizada, porque nuestro corazón, al igual que nuestro cuerpo, necesita ejercitarse, y la mejor forma de hacerlo es expresando amor. Medita en este Amor y acéptalo, porque éste está en el centro de tu propio ser. Él está ahí esperando ser reconocido por ti y listo en todo momento para ser expresado. No temas el darlo, porque entre más lo des, Él regresará a ti multiplicado y tú siempre disfrutarás de este Amor que te rodeará de todo lo bueno. Es el Amor Divino, el Amor incondicional, el Amor que todo lo purifica y pacifica. El Amor que todo lo puede. Es el Amor que lo vence todo.

Querer definir este maravilloso Amor es tan imposible como querer definir el Infinito; y el Infinito es Dios. El Amor es una emoción, es el sentimiento de más alto grado que puede experimentar el ser humano, pero esto sin embargo es sólo un aspecto muy pero muy pequeño de lo que es el Amor. El Amor es la energía que ha creado el universo, el Amor es Omnipresente —está siempre presente en todo lugar, espacio y tiempo—, Omnisciente —que todo lo sabe, nada está oculto para Él— y Omnipotente —que tiene todo el Poder existente. El Amor es Dios ratificándose en lo que Él ha creado —tú, yo, todo y todos—, y diciendo que lo creado por Él es bueno. El Amor nunca maldice, nunca niega la existencia del Bien.

El Amor perdona en forma continua, el Amor es el Poder ilimitado del Universo y puede más que cualquier otro poder. El Amor es el Espíritu que derrama generosamente en Su creación y que sin embargo nunca se agota. El Amor es Dios expresándose como sentimiento puro a través de nuestros corazones. Amamos, porque Dios nos amó primero, y nuestro amor debe ser siempre un concepto infinito de Este gran Amor que todo abarca. Cada vez que pensemos en el Amor o que expresemos amor, nos estaremos uniendo con el gran poder del Amor y llegaremos a ser como Él, pues lo veremos a Él como es en realidad.

Sea cual fuere lo que la palabra Dios signifique para nosotros, la razón de ser del Amor es permitirnos compartir la Gloria de Dios. El Amor es el Espíritu Divino que mora en cada uno de nosotros y en toda cosa viviente. Cualesquiera que sea el lugar en donde nos encontremos, Él nos sana cualquier herida, nos protege y nos guía hacia nuestro mayor bien. El Amor hace que las plantas crezcan, y que se mantengan en equilibrio todas las cosas del universo como nuestra tierra, los planetas y las estrellas. El Amor vivifica nuestro espíritu, Él vive y está siempre con nosotros, porque en Él vivimos, nos movemos y tenemos nuestro ser.

Él va adelante de nosotros, abriéndonos el camino y manteniéndolo seguro y perfecto. El Amor en sí es la llave de la felicidad, de la salud y de la prosperidad, porque abre el Reino de los Cielos que está en el centro de nuestro propio ser —lo dijo el Maestro Jesús. De este Reino provienen todas estas cosas. En la misma forma como la electricidad debe de ser previamente generada, antes de poder ser utilizada por nosotros, así mismo el amor precisa ser generado en nuestros corazones, antes de que podamos brindarlo a nuestros semejantes. Así pues, generemos amor desde nuestra Fuente infinita que está en nosotros, cada vez que conscientemente demos amor.

Todo problema o dificultad que surja en nuestras vidas, es una oportunidad que se nos brinda para generar más amor. Por ejemplo, si ciertas personas con las que tengas trato te parecen "difíciles", silenciosamente bendícelas y verás que ellas se tornarán en amigas; amigas que a la vez son causa para que experimentes más Amor. Si estás careciendo de algo en tu vida, es señal de que no has dado suficiente amor. Derrama más amor, que es la sustancia o energía verdadera y única de lo que está formado el mundo y sus efectos —las cosas objetivas que nos rodean, incluyendo nuestros cuerpos. Ama y bendice todo lo que tengas y da gracias por todo y a todo y verás que todo se te irá multiplicando y jamás te faltará nada.

Si necesitas más fortaleza o una curación física, la recibirás del Amor Divino que mora dentro de ti. Lo que te parezca enfermedad o debilidad, nada de eso existe, simplemente es una aparente separación de Dios en cierto sentido —nos separamos mentalmente al no reconocerlo, porque sí estamos viviendo es Su Vida en nosotros. Bendice tu cuerpo y agradécele a cada una de sus partes y órganos. Bendice tu fortaleza que ya tienes y así lograrás que ésta aumente.

Produce cada día más amor, principalmente amando a Dios, a ti mismo y al mundo que te rodea y verás que este amor satisfacerá todas tus necesidades. El Amor de Dios siempre nos bendice, la felicidad es un sentimiento interno que siempre aparece cuando se comparte el amor; no depende de circunstancias externas porque nace en el corazón y se nutre en él. Es la Presencia de Dios que vive en nosotros.

Algunas personas dicen: "Te amaré si me amas, te apreciaré si me aprecias". Al pensar en esta forma, ellas están administrando su cariño, su afecto, con suma moderación, con medida; y todo porque quieren tener la seguridad de recibir exactamente la misma cantidad de amor que ellas dan, y porque creen que serán heridas si reciben menos de lo que han dado.

El verdadero y auténtico amor que puedes gozar de verdad, es el amor que das sin interés alguno. Así pues, no temas darlo con el máximo de generosidad, y no olvides que el Amor proviene de una Fuente infinita que está en ti. Aprende a dar amor incondicional e infinitamente y permanece siempre expectante para recibirlo de la misma forma. Asimismo recuerda siempre que con este Amor todo es posible.

# EL AMOR EN EL MUNDO DE LAS GRANDES RELIGIONES

### "CRISTIANISMO"

"Amaos los unos a los otros, porque el Amor es Dios; y todo aquel que ama renace en Dios y conoce a Dios. El que no ama no conoce a Dios, porque Dios es Amor".

### "CONFUCIONISMO"

"El Amor en todos los hombres es la más grande benevolencia".

### "BUDISMO"

"Deja al hombre cultivar hacia todo el mundo un corazón de Amor".

### "HINDUISMO"

"Uno puede reverenciar mejor al Señor a través del Amor".

### "ISLAMISMO"

"El Amor es esto, es algo que tú deberías acumular un poco para ti mismo y bastante para Dios".

## "TAOÍSMO"

"Si abrimos los brazos al Amor no nos verán destruidos".

## "JUDAÍSMO"

"Tú debes amar al Señor tu Dios, con todo tu corazón, y a tu prójimo como a ti mismo".

## "ZOROASTRISMO"

"El hombre es el amador del Señor, por lo tanto él debe dar su amor en respuesta".

## "SHINTOÍSMO"

"El Amor es la representación del Señor".

## "JAINISMO"

"Los días son más prósperos para ti cuando actúas con Amor".

# PREGUNTAS
# Y RESPUESTAS

Todos nosotros usamos el Principio del Poder Creativo, ya sea en forma positiva o negativa. A continuación damos respuesta a varias preguntas, quizás algunas de ellas puedan darte la contestación que andabas buscando.

P.: **¿Qué es Meditación?**

R.: Meditación es reconocer a Dios dentro de nosotros, tener la seguridad de que somos una unidad con Él, con la Totalidad. El resultado que obtenemos de esta Meditación es que de inmediato tenemos el poder y la sabiduría necesarias; la armonía se establece en nuestra vida y en nuestros asuntos. Igualmente se manifiesta la salud en nuestro cuerpo y la abundancia nos viene en todo. Este es el significado de la declaración: *"Busca primero el Reino de Dios y su justicia y todo lo demás te será dado por añadidura"*.

Meditación es comunión con Dios, con el propósito de saber que Él está haciendo el trabajo a través de nosotros. Meditación es algo más que reconocer al Padre que mora dentro de nosotros; es la certeza de que somos Uno con Él. Como resultado de este reconocimiento del Único Poder y nuestra unidad con Él, obtenemos salud completa y permanente, así como prosperidad y paz mental, y nos convertimos en la Luz de todos aquellos que se cruzan en nuestro camino.

La Meditación es realmente el deseo de estar a solas con Dios, hablar con Él. Se puede decir que es una conferencia entre tu alma y el Alma del Universo.

Cuando tú haces este contacto, cuando llegas a esta verdadera unificación, logras un estado emocional de júbilo tal, que todo tu físico y tu mente son completos y la curación es instantánea en todos sus niveles, tanto físicos como emocionales. Esta es la verdadera Meditación, estos son los resultados que se obtienen. ¿Acaso no vale la pena hacerlo?

Al principio quizás te lleve algún tiempo aceptarlo, pero al empezar, irás viendo los resultados y llegará el momento en que tú mismo serás tu propio maestro en tus meditaciones.

**P.: ¿Cómo puedo practicar la Presencia de Dios?**

R.: En tu Oración o Meditación, tú puedes trascender tu humanidad o mundo físico y *"tocar"* el Espíritu que mora dentro de ti. Hay un gran poder en esta idea simple: Cierra tus ojos al mundo físico, al mundo que te rodea y concéntrate en esta unidad de Dios en ti. Afirma lenta y pausadamente varias veces, hasta sentir que eso que estás afirmando es tu verdad: "Dios es Vida y yo soy vida; Dios es y yo soy". Así lograrás sentir la Presencia-Dios en ti, porque tú eres Esa misma Presencia expresándose como tú.

**P.: ¿Qué es Oración?**

R.: Oración es el movimiento del pensamiento dentro de la mente del que está orando, a lo largo de una línea definida de meditación para un propósito específico. También podemos decir que oración es ver en todo y en todos a Dios, que equivale vivir gozando de todo lo bueno que Él es y todo lo que ha creado.

**P.: ¿Cuál es el propósito de la Oración?**

R.: Oramos para cambiar nuestra mente, no para cambiar la Mente de Dios. En otras palabras, el propósito de la oración es para elevar nuestra conciencia a la Conciencia-Dios.

**P.: ¿Todas nuestras oraciones son contestadas?**

R.: Sí, todas nuestras oraciones siempre son contestadas. En la misma oración está la respuesta. El Maestro Jesús nos dice: *"Te será dado en la medida que tú creas"*.

**P.: ¿Cómo puedo liberarme de los problemas?**

R.: Para liberarte de los problemas tienes que enfrentarte a ellos con valentía y serenidad, sabiendo que siempre hay una solución para cada situación. Cuando pedimos guía a Dios, siempre obtenemos las respuestas adecuadas para la solución a cada problema. Recuerda que con Dios todo es posible, porque Él todo lo sabe y lo puede.

**P.: ¿Cómo puedo mejorar mi vida?**

R.: Tú puedes cambiar tu vida cambiando tu forma de pensar. Por ejemplo: Si tú siempre piensas: "Todo me sale mal", tienes que pensar y afirmar lo opuesto, o sea: "A mí todo me sale bien". Repítelo hasta que lo establezcas o sientas que así es. La ley del pensamiento te dará exactamente lo que tú aceptas, sea esto verdadero o falso; ella obra de acuerdo a tu creencia.

**P.: ¿Cómo puedo mejorar mis relaciones con los demás?**

R.: Cuando tú empieces a ver en ellos sólo las cualidades y no los defectos, cuando dejes de criticar o juzgar por la apariencia, cuando reconoces en ellos el Cristo morador que está igualmente en ti. Entonces tus relaciones con ellos serán armoniosas y maravillosas. Afirma: *"Yo reconozco sólo lo bueno de Dios que hay en ti". "Yo saludo al Cristo morador en ti".*

**P.: ¿Cómo rechazar el mal y aceptar sólo el bien?**

R.: Dios es todo lo Bueno que hay y existe. Él sólo creó y sigue creando cosas buenas, perfectas. Él no puede crear algo que contradiga Su Naturaleza. Tú puedes verificar esto en el Génesis 1:10, 31. Dios nos dio el libre albedrío, o sea el poder de escoger, el poder para aceptar o rechazar. Es este poder el que muchas veces dejamos influenciar por otros, y escogemos "mal" en vez de "bien". Entonces el escoger es nuestra responsabilidad y no la de Dios. Nosotros cometemos los errores, o sea los llamados "pecados", y en ellos llevamos la penitencia. Por consiguiente, tanto mal como pecado son creencias o invenciones nuestras y no creaciones de Dios. Afirma: *"Yo sólo acepto el Bien en mi vida. Todo lo opuesto a Dios es mentira. Así Es".* Recuerda que el Bien siempre triunfa sobre el mal.

**P.: ¿Puedo usar la metafísica para solucionar mis problemas?**

R.: Sí, pero primero tienes que estar bien informado y seguro de haber comprendido el significado simple de lo que es metafísica. En el Diccionario Larousse encontramos que dice: "Metafísica es la Ciencia de los principios primeros y de las primeras causas. Disciplina filosófica que se ocupa de la esencia del ser y de la realidad". Nosotros aprendemos en Ciencia de la Mente que Metafísica es el estudio de la Primera Causa, Espíritu, Mente o Dios. Enseña que vivimos en dos mundos paralelos, el espiritual y el físico/material. Que lo primordial es reconocer que primero somos seres espirituales viviendo experiencias físicas —humanas. Y que el mundo material es un reflejo del mundo espiritual —el cual no vemos. Si la Primera Causa es Dios y nosotros Su creación, hechos a imagen y semejanza de Él, significa que tenemos lo que Dios tiene y somos lo que Él es —en Esencia, Espíritu. Somos el Espíritu de Dios encarnado individualmente como cada uno de nosotros. Con poder suficiente para co-crear con Él. Si entendemos bien esto y realmente lo aceptamos, quiere decir que nosotros podemos modificar nuestra vida y crearla como mejor nos parezca; es lógico que sea como una vida feliz, llena de riqueza, éxito, salud y paz mental.

**P.: ¿Qué es Ciencia de la Mente?**

R.: Ciencia de la Mente es una filosofía, una fe, una forma de vida mejor. Es un estudio filosófico del hombre, la razón de su existencia y su relación con la Vida, su familia, su trabajo, su prójimo, el ambiente que lo rodea y su Creador-Dios. Enseña que el hombre controla el curso de su vida, su éxito o fracaso, su salud o enfermedad, su felicidad o tristeza, su riqueza o miseria —todo esto lo origina mediante procesos mentales que funcionan de acuerdo a una ley universal. Enseña que todo en el universo opera bajo Ley y Orden, Causa y Efecto. Nos demuestra cómo podemos hacer uso de estas leyes para nuestro propio bien. Asimismo nos enseña que el Original, Supremo y Creador Poder del Universo, del cual se origina toda sustancia que es vida en todo lo viviente, es un Principio de Realidad Cósmica que está presente en y a través del universo y en cada uno de nosotros. Ciencia de la Mente es una filosofía moderna para un mundo moderno, nos enseña cómo usar al máximo nuestro potencial al hacer uso correcto de nuestras habilidades creadoras, para realizar todas nuestras metas y hacer de nuestra vida una aventura interesante y feliz.

**P.: ¿Seremos recompensados en el más allá?**

R.: La idea convencional de una vida en el más allá y las esperanzas de recompensa o castigo no son alimentadas en nuestra enseñanza. El mensaje trae buenas noticias para la vida presente. Aprendemos a vivir y a pensar en el bien, aquí y ahora, no en el futuro. La recompensa o el castigo lo encontraremos en este mundo en forma de buena salud, un hogar feliz, una vida balanceada y próspera, o sufrimientos, limitaciones, fracasos, desdicha y toda clase de calamidades, dependiendo todo esto de nuestra forma de pensar. Ciencia de la Mente nos dice: *"CAMBIA TU MANERA DE PENSAR Y CAMBIARÁ TU VIDA"*; así de simple es. Por lo mismo simple, escapa a nuestro entendimiento poder aceptar que esto sea posible o verdad, pero nosotros te invitamos a que lo pruebes tú mismo para que te convenzas que es cierto. Miles de millones de personas lo han comprobado, y nosotros lo ratificamos; tú no puedes ser la excepción; *"EL PODER ESTA EN TI, ¡ÚSALO AHORA PARA TU BIEN!"*.

# MENSAJES
# PARA
# MEDITARLOS

## "CÓMO ABRIMOS EL CAMINO"

*"El camino"* se abre cuando nos unimos a Dios.

*"El camino"* se abre cuando el médico y el paciente
se unen, entonces se abre *"el camino"* para la curación.

*"El camino"* se abre en la escuela cuando el maestro
y el alumno se unen para mejorar sus conocimientos y
compartir las ideas. Entonces se abre *"el camino"*
al conocimiento.

La compatibilidad está en la mente anulando el ego
personal. Los seres humanos se tornan compatibles
cuando se vuelven unidad, en eso consiste *"el camino"*.

La compatibilidad defendiendo al ego se tornará
en incompatibilidad y entonces se cierra *"el camino"*.

La mente de aquél que busca solamente su beneficio personal y se olvida de todo lo que le rodea, pensando sólo en su bienestar, se aparta de *"el camino"*.

Todos los males principian en la mente. Son el producto de pensamientos erróneos y ellos son los que nos cierran *"el camino"*.

## "EL GOZO DE DIOS"

Dios ha implantado en mí el gozo de Su propio Espíritu. Un gozo que brota de un inextinguible manantial dentro de mí.

El gozo de Dios está en mí ahora, levantando mi mente y mi corazón, y cada día yo me regocijo y deleito con él.

El gozo de Dios fluye a través de mí y yo siento amor y amistad hacia los demás, y entre más lo comparto, más tengo para dar.

El gozo de Dios es mi fortaleza; yo soy fuerte. El gozo de Dios es mi salud; yo soy saludable. El gozo de Dios es mi paz; yo estoy sereno.

El gozo de Dios pone en mí una sonrisa en mis labios y luz en mis ojos, que iluminan mi mundo y yo estoy satisfecho, seguro y en paz.

Al expresar yo el gozo de Dios, soy bendecido por todos aquéllos a quienes lo expreso. ¡Qué tratamiento tan maravilloso, rejuvenecedor y reconfortante es el gozo de Dios!... Así Es.

## "YO SOY UN HIJO DE DIOS Y ÉL ME AMA"

Yo soy un Hijo de Dios, hecho a Su imagen y semejanza.
Heredero de todas Sus cualidades y virtudes.

Yo no conozco limitaciones, vivo en la abundancia,
y yo comparto mi riqueza y éxito con todos.

Yo no conozco enfermedad, yo disfruto de salud,
vitalidad y fortaleza que emanan de mi interior.

Yo soy feliz, a solas y en compañía de los demás;
yo saludo y trato a cada persona como a mí mismo.

Dios me ama, y yo pongo toda mi confianza en Él;
Dios me ama, me fortalece y guía rectamente.

Dios me ama, y me provee de todo lo necesario para
mi felicidad completa; yo soy Su Hijo amado.

Con una visión más amplia, yo veo que todos somos
Hijos de Dios, muy importantes en Su gran Reino.

Cuando aumenta esta conciencia en mí y en el mundo,
aumenta la paz y la armonía. Y Así Es.

## "YO TENGO FE EN DIOS"

Frente a circunstancias o sucesos perturbadores, yo dejo
que mi fe en Dios me ayude.

Al usar diariamente mi fe en Dios, ella aumenta y se
fortalece y yo me siento sin ansiedad ni temor.

Cuando agradezco a Dios por todas las bendiciones
que Él me ha dado, mi fe crece aún más.

Mi fe en Dios me despierta a un mundo de grandes
y maravillosas posibilidades y yo me siento feliz.

En mi vida no existen dudas, preocupaciones ni
Incertidumbre, porque mi fe en Dios me da seguridad.

Yo tengo fe en Dios y eso me da confianza en mí
mismo, y yo sé que en mi mundo todo está bien.

Mi fe en Dios aumenta cuando pongo toda mi confianza
en Él, y yo siempre voy seguro al éxito.

Gracias Padre-Madre-Dios por darme esta fe y confianza
en Ti y en mí ahora. Y Así Es.

## "LA GRANDEZA DE DIOS"

La Vida de Dios en mí es mayor que cualquier reto
que pueda encarar, ya sea a la muerte, el cuerpo
o las emociones.

La fortaleza de Dios en mí es más poderosa que
cualquier demanda a mi perspectiva y a mi energía.

La libertad que siento con Dios en mí, es más que
suficiente para asegurar mi expresión de vida perfecta,
pura y eterna.

El Espíritu de Dios en mí me provee de perfección,
sabiduría, amor y paz, y por eso yo soy joven, fuerte
y saludable.

Yo creo y afirmo la grandeza de Dios en mí, y al
hacerlo yo traigo a manifestación Su grandeza a través
de mí.

Yo acepto y doy gracias a Dios por esta verdad,
lo mismo para mí que para los demás; al decir esto
mi corazón se desborda de amor.

Yo soy un ser perfecto y libre porque la Vida de Dios
está en el centro de mi propio ser. Y Así Es.

## *"LO ESPERADO E INESPERADO"*

Este es un día feliz. Este es un día ¡maravilloso! Lleno de salud y abundancia. Algo hermoso me sucederá hoy.

Riquezas inesperadas y esperadas me llegan, a la manera maravillosa de Dios, para mi uso personal.

Yo las utilizo sabiamente. El Bien me llega hoy, y este perdura, perdura, perdura.

Yo hago prosperar a los demás, y ellos me hacen prosperar a mí.

El Bien que deseo, me desea a mí.

Yo hoy voy a encontrarme con el Bien, que este día me tiene preparado Dios y que me espera a mí.

Yo hoy me regocijo, y le doy gracias a Dios, porque me brinda este Bien.

¡Ahora y siempre!... y Así Es.

# ACERCA DE LOS AUTORES

L os profesores Alida Rodríguez Orozco y José De Lira Sosa, son Practicantes de Ciencia de la Mente. Licenciados en esta Filosofía fundada por el Dr. Ernest Holmes en la Cd. De Los Angeles, California, E.U.A. Han establecido en San Nicolás de los Garza, N.L. un Instituto en el cual imparten clases a personas de todos los niveles sociales, sin distinción de credo, color ni raza. Asimismo son terapeutas mentales/espirituales y dan asesoría para el mejoramiento personal, familiar y de relaciones.

Durante más de 10 años que tienen de establecidos, han ayudado a cientos de personas a superarse física y mentalmente, y con ello han podido establecer un mejor estándar de vida, como salud perfecta, relaciones armoniosas y apropiadas, felicidad y armonía en sus hogares, así como libertad financiera. Esta filosofía que ellos imparten está basada en el Principio Espiritual —Dios—, que no conoce de fallas. Por esta misma razón ellos afirman: *"Con Dios, todo es posible"*.

Ellos han impartido seminarios para superación personal, tanto en Monterrey como en varias ciudades de la República Mexicana, así como en E.U.A y Cuba. La Profa. Alida tiene también título de traductora de Francés y es maestra de Inglés. Tiene estudios también del idioma Alemán.

Aparte de este libro el Prof. José escribió su libro *Jesús; El Gran Maestro Metafísico*, y están por editarse otros más. Puedes contactarte con ellos escribiéndoles al Apartado Postal #352, San Nicolás de los Garza, N. L. C.P. 66451 Méx. Fax (528) 376-0476 o bien al Correo Electrónico E-mail: alidaandjoselsosa@yahoo.com

## NOTAS ACLARATORIAS

Las palabras que vienen marcadas entre comillas y letra cursiva, son puestas en esta forma para que les pongas más atención. Algunas de ellas corresponden a citas bíblicas y otras a oraciones. Las que vienen marcadas en letra más negra es para darles más interés.

Las citas bíblicas de la segunda parte fueron tomadas de La Escritura Santa, versión traducida al Castellano directamente del Texto Arameo Galileo por el Presbítero y Dr. José L. Hernández y editada por la Casa Editorial Hernández en 1992.

# ÍNDICE

# TITULOS DE ESTA COLECCION

Impreso en Offset Libra

Francisco I. Madero 31

San Miguel Iztacalco,

México, D.F.